Bibliografische Information der Deutschen Nationalbibliothek:

Die Deutsche Bibliothek verzeichnet diese Publikation in der Deutschen National-bibliografie; detaillierte bibliografische Daten sind im Internet über http://dnb.d-nb.de/ abrufbar.

Impressum:

Copyright © 2010 GRIN Verlag, Open Publishing GmbH
Druck und Bindung: Books on Demand GmbH, Norderstedt Germany
ISBN: 9783640666829

Dieses Buch bei GRIN:

http://www.grin.com/de/e-book/154149/optimierungspotenziale-fuer-das-supply-chain-management-durch-den-einsatz

Marco Seelbinder

Optimierungspotenziale für das Supply Chain Management durch den Einsatz der RFID Technologie

GRIN Verlag

GRIN - Your knowledge has value

Der GRIN Verlag publiziert seit 1998 wissenschaftliche Arbeiten von Studenten, Hochschullehrern und anderen Akademikern als eBook und gedrucktes Buch. Die Verlagswebsite www.grin.com ist die ideale Plattform zur Veröffentlichung von Hausarbeiten, Abschlussarbeiten, wissenschaftlichen Aufsätzen, Dissertationen und Fachbüchern.

Besuchen Sie uns im Internet:

http://www.grin.com/

http://www.facebook.com/grincom

http://www.twitter.com/grin_com

Freie wissenschaftliche Arbeit zur Erlangung des akademischen
Grades
Bachelor of Science in Wirtschaftsinformatik

Optimierungspotenziale für das Supply Chain Management durch den Einsatz der RFID Technologie

Bachelor Thesis

im Fachbereich Wirtschaftswissenschaften (FB I)
im Studiengang Wirtschaftsinformatik
der

Hochschule für
Wirtschaft und Recht Berlin
Berlin School of Economics and Law

eingereicht von: Marco Seelbinder

eingereicht am: 16.02.2010

Inhaltsverzeichnis

Abbildungsverzeichnis

Kapitel 1

Einführung

In der heutigen Wirtschaft unterliegen Unternehmen einer sich ständig wandelnden Marktsituation. Neben der Globalisierung, zunehmender Wettbewerbsintensität und erhöhter Markttransparenz sind es vor allem die Kundenwünsche, die ständig neue Anforderungen an die Gestaltung der Wertschöpfungsnetzwerke stellen.[1] Diese Entwicklung wird zusätzlich durch den steigenden Einsatz von Informationstechnologie verstärkt und erhöht den Leistungsdruck auf Unternehmen.[2] In der Vergangenheit haben Unternehmen zumeist die innerbetrieblichen Prozesse betrachtet, um die Effizienz und Zuverlässigkeit des Unternehmens zu steigern. Flexibilität gewinnt zunehmend an Bedeutung, um langfristig konkurrenzfähig mit anderen Supply Chains zu bleiben. Bereits Schwierigkeiten im Produktionsbetrieb, bei der Auslieferung oder beim Transport der Ware ziehen unkontrollierbare Auswirkungen auf die nachgelagerten Stationen entlang der Supply Chain nach sich.[3] Die erfolgreiche Zusammenarbeit von Unternehmen entlang der Wertschöpfungskette setzt die Bereitschaft voraus, einerseits Informationen zu teilen und andererseits die Vielzahl der erhaltenen Informationen verarbeiten zu können. Die Informationstechnologie hat an dieser Stelle die Aufgabe, Informationen zwischen den Unternehmen auszutauschen und so eine funktionierende, informatisierte Supply Chain zu integrieren.[4] Häufig fehlen jedoch entscheidungsrelevante Informationen entlang der Wertschöpfungskette, welche fehlende oder fehlerhafte Angaben im IT-System zur Folge haben und so nicht mehr die Realität widerspiegeln.[5]

---

[1]Vgl. Strassner (2005), S. 1
[2]Vgl. Arndt (2006), S. 24
[3]Vgl. BSI (2005), S. 78
[4]Vgl. Arndt (2006), S. 184
[5]Vgl. Strassner (2005), S. 3

Eine Antwort auf die gestellten Herausforderungen am Markt bieten automatische Identifikationslösungen, sogenannte Auto-ID-Systeme. Durch ihren Einsatz lassen sich die realen Warenflüsse mit dem Informationsfluss des übergeordneten IT-Systems synchronisieren. An erster Stelle stehen hierbei die RFID basierten Identifikationsverfahren.[6] Der Einsatz von RFID Technologie bildet den ersten Schritt zur Vision einer nahtlosen Integration von Geschäftsprozessen in betrieblichen IT-Systemen.[7]

RFID ist die englische Abkürzung für die Radio Frequency Identification, welches ins deutsche übersetzt Funkerkennung bedeutet. Mit Hilfe des RFID Verfahrens lassen sich Gegenstände mittels Funktechnik automatisch und berührungslos identifizieren. Weit verbreitete Identifikationsverfahren wie der Barcode gehören ebenfalls zu dieser Technologie. Das Barcodeverfahren hat jedoch zumeist bereits das Ende seiner Entwicklungsmöglichkeiten erreicht. Deshalb gerät die RFID Technologie zunehmend in das Visier der Logistiker.[8]

Im Wesentlichen beschäftigen sich zwei Interessengruppen mit der RFID Technologie. Auf der einen Seite stehen die Innovatoren und Befürworter, die eine Effizienzsteigerung und einen über kurz oder lang einsetzenden Nutzen erwarten. Dem gegenüber stehen die Unternehmen, die durch die Unternehmenspolitik großer Handelskonzerne, wie Metro oder Wal-mart, dazu gezwungen werden RFID Technologie einzusetzen und befürchten gegenüber Konkurrenten nicht mehr wettbewerbsfähig zu sein.[9]

Durch die Ausstattung von Objekten mit RFID Transpondern bietet sich nun erstmals die Möglichkeit, den gesamten Verlauf entlang der Wertschöpfungskette lückenlos in maschinenlesbarer Form zu dokumentieren. Der RFID Technologie wird aus diesem Grund ein sehr hohes Optimierungspotenzial hinsichtlich der internen und externen Prozesse entlang der Supply Chain zugesprochen.

"Radio Frequency Identification technology enables companies to automate production lines, make them more flexible and minimize error rates - key conditions for a longterm business success."[10]

In der vorliegenden Arbeit wird das Potenzial der RFID Technologie zur Optimierung der Prozesse entlang der Supply Chain analysiert.

---

[6]Vgl. Friedli (2009), S. 6
[7]Vgl. Strassner (2005), S. 54
[8]Vgl. Franke/ Dangelmaier (2006), S. 5
[9]Vgl. Gillert/ Hansen (2007), S. 1
[10]Zitat: Klaas,V. (2008), S. 178

Die zentrale Frage lautet, ob durch die RFID Technologie eine Automatisierung der gesamten Wertschöpfungskette erreicht wird und welchen individuellen Vorteil die beteiligten Unternehmen dabei erzielen.

Das zweite Kapitel erläutert grundlegend die Notwendigkeit einer informatisierten Supply Chain. Neben der Definition des Supply Chain Management Begriffs wird ein mit diesem strategischen Konzept einhergehendes Problemfeld betrachtet, der Peitscheneffekt. Der Informationsaustausch entlang der Wertschöpfungskette nimmt in Bezug auf den Peitscheneffekt eine sehr bedeutende Rolle ein, weshalb sich weitere Ausführungen genauer mit der Informationsversorgung als Ressource des Supply Chain Managements beschäftigen. Das Kapitel schließt mit einem Blick auf die mangelhafte Interaktion zwischen der realen und der virtuellen Welt.

Das dritte Kapitel betrachtet die grundlegenden Funktionsweisen und Unterscheidungsmerkmale der RFID Technologie. Neben der Einordnung in die Welt der Auto-ID Systeme, werden die Grundbestandteile eines RFID Systems erläutert. Für Unternehmen werden entscheidungsrelevante Themen wie die Energieversorgung, Bauformen, Frequenzbereiche und Speichertechnologien behandelt. Das Kapitel schließt mit dem EPCglobal Netzwerk und dessen Potenzial durch die Nutzung von Webservices.

Das vierte Kapitel beschäftigt sich aufbauend auf den vorangegangenen Kapiteln mit den tatsächlichen Einsatzfeldern von RFID Technologie entlang der Supply Chain. Es werden Prozesse, wie beispielsweise die Beschaffung, Herstellung, Kommissionierung sowie der Warentransport betrachtet. Das Kapitel zeigt auf, dass die RFID Technologie das Potenzial besitzt Prozesse entlang der Wertschöpfungskette effizienter, transparenter und kostengünstiger zu gestalten. Zusätzlich werden betriebswirtschaftliche Auswirkungen der RFID Technologie betrachtet.

Das fünfte Kapitel der vorliegenden Arbeit betrachtet neben den Potenzialen der RFID Technologie zusätzlich unterstützende sowie erschwerende externe Faktoren. Es wird untersucht, welche Auswirkungen Aspekte wie Transparenz, Standardisierung und Kooperationswille nach sich ziehen.

Kapitel 2

Die Supply Chain - Träger der unternehmensübergreifenden Informationen

2.1 Supply Chain Management

Zur Schaffung eines einheitlichen Verständnisses wird an dieser Stelle das Supply Chain Management in seiner grundlegenden Funktion zur Steuerung und Optimierung von unternehmensinternen und -übergreifenden Geschäftsprozessen entlang der Wertschöpfungskette erläutert.

2.1.1 Definition des Supply Chain Managements

In der Literatur existieren über den Begriff des Supply Chain Managements verschiedene Definitionen. Im Wesentlichen unterscheiden sie sich hinsichtlich der Abgrenzung zum Logistikbegriff. Während einige Autoren die Begriffe Supply Chain Management und Logistik gleichsetzen, differenzieren andere Autoren die Begriffe vor allem aufgrund der unterschiedlichen unternehmensübergreifenden Ausrichtung.[1] Im Standardwerk der Wirtschaftsinformatik definieren Hansen und Neumann das Supply Chain Management als ein strategisches Konzept, mit dem Ziel die Geschäftsprozesse entlang der Wertschöpfungskette (engl. Supply Chain) vom Rohstofflieferanten bis zum Endverbraucher möglichst effizient und kostengünstig zu gestalten. Ziel ist es, so die Autoren, eine intensive Zusammenar-

---

[1]Vgl. Strassner (2005), S. 40

9

beit zwischen allen Beteiligten zu erreichen, um inner- und überbe-
triebliche Material-, Informations- und Geldflüsse sicherzustellen.[2]
Im Supply Chain Management wird die strategische Ebene wesentlich stärker betont, als nach dem reinen Logistikverständnis.
Dies ist vor allem daran zu erkennen, dass Entscheidungen nicht
mehr isoliert im Unternehmen getroffen werden, sondern stets eine
Abstimmung mit allen beteiligten Unternehmen der Supply Chain
getroffen wird. So kann sich die Supply Chain zu einem Gesamt-
system entwickeln.[3]
Diese Sichtweise wird auch in der vorliegenden Arbeit vertreten.
Das Supply Chain Management ist demzufolge ein erweiterter Begriff der Logistik. Neben der unternehmensübergreifenden Betrachtung der Supply Chain findet auch eine enge Verzahnung der verschiedenen Unternehmensbereiche statt. Es bilden sich Unternehmensnetzwerke aus Rohstofflieferanten, Logistikunternehmen, Ban-
ken sowie IT-Beratungsunternehmen. In Abbildung 2.1 wird beispielhaft die Supply Chain von der Bierfassherstellung bis hin zum
Endkunden betrachtet. Daran lässt sich die umfassende Einbezie-
hung aller Teilnehmer der Wertschöpfungskette erkennen.

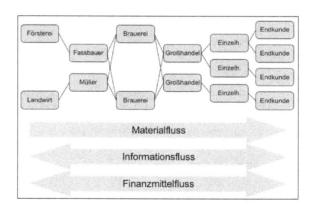

Abbildung 2.1: Supply Chain von der „Source of Supply" bis
zum „Point of Consumption"; Eigene Darstellung in Anlehnung an
Busch/ Dangelmaier (2004)

Die Instrumente des Supply Chain Managements sind sehr selek-

---

[2]Vgl. Hansen/ Neumann (2005),S. 727
[3]Vgl. Hansen/ Neumann (2005),S. 727f

tiv und differenziert einzusetzen. Dies bedeutet, dass der Umfang und die Mittel zur Optimierung der Supply Chain stets an die Art der Zusammenarbeit zwischen Kunden und Lieferanten angepasst werden müssen. Da das Supply Chain Management vor allem hohe Anforderungen an die Mitarbeiter stellt, ist eine enge Zusammenarbeit und der kontinuierliche Informationsaustausch zwischen den Unternehmen entlang der Supply Chain eine Grundvoraussetzung.[4]

2.1.2 Das SCOR-Modell als Basis für ein einheitliches Prozessdenken

Wie vorangegangen erläutert beschäftigt sich das Supply Chain Management nicht mit den einzelnen Unternehmen, sondern betrachtet die gesamte Wertschöpfungskette als ein Netzwerk. Um die unternehmensübergreifenden Prozesse effizient auf einer gemeinsamen Basis zu betrachten wurde ein Standard-Referenz-Modell, das so genannte Supply Chain Operational Reference (SCOR) Model, entwickelt. Das Modell besteht aus mehreren Ebenen auf denen die Lieferkette eines Unternehmens analysiert wird. Zusätzlich werden unternehmensübergreifende Prozesse definiert und mit den Best Practice Lösungen der Branche verglichen.[5] Durch eine branchenneutrale Ausrichtung lassen sich die Supply Chain Prozesse vergleichen, analysieren, verbessern und umsetzen. Die ständige Weiterentwicklung des Prozessmodells wird durch die Non-Profit-Wirtschaftsvereinigung, das Supply Chain Council, durchgeführt. Die Entwicklung des Prozessreferenzmodells basiert auf der Erkenntnis, dass durch eine fehlende und uneinheitliche Prozessbeschreibung die Komplexität der Supply Chain nicht richtig erfasst werden kann. Häufig waren ERP Systeme nicht in der Lage, die Unternehmensprozesse korrekt abzubilden. Fehler bei der Softwareauswahl kamen so erst viel zu spät zum Vorschein.[6]

Das SCOR-Modell ist hierarchisch in vier Ebenen gegliedert. Während auf den Ebenen eins und zwei die gesamte Supply Chain in einer Gesamtübersicht betrachtet wird und somit auf strategischer Ebene agiert, beschäftigen sich die Ebenen drei und vier mit den detaillierten Teilprozessen des Wertschöpfungsnetzwerks.[7]

Wie in Abbildung 2.2 verdeutlicht, werden in der ersten Ebene

---

[4]Vgl. Melzer-Ridinger,R. (06/2005), S. 7

[5]Vgl. Hansen/ Neumann (2005), S. 728

[6]Lawrenz/ Hildebrand/ Nenninger (2001), S. 116

[7]Vgl. Lawrenz/ Hildebrand/ Nenninger (2001), S. 122

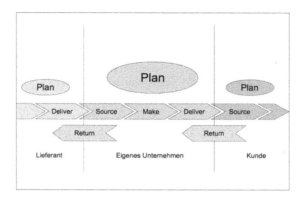

Abbildung 2.2: Das SCOR-Modell - Eigene Darstellung in Anlehnung an Supply Chain Council(2008),Hansen/Neumann (2006), Laudon/Schoder (2008), S. 407

des Modells die fünf grundlegenden Supply Chain Prozesse Planen (plan), Beschaffen (source), Herstellen (make), Liefern (deliver) und Rücklieferung (return) definiert. Ihnen werden die Supply Chain Prioritäten und Aktivitäten zugeordnet. In der zweiten Ebene, der Konfigurationsebene, werden die fünf Supply Chain Prozesse in eine Vielzahl von Kernprozesskategorien unterteilt. In der dritten Ebene, der Gestaltungsebene, stimmen die Unternehmen ihre Unternehmensstrategien ab. Es werden die Fähigkeiten definiert, über die ein Unternehmen zum erfolgreichen Bestehen am Markt verfügen muss. Dies geschieht beispielsweise durch Benchmarking und dem Vergleich mit den aktuellen Best Practices. Die vierte Ebene wird häufig als Implementierungsebene bezeichnet, da Unternehmen auf dieser Ebene die speziellen Supply-Chain-Managementpraktiken im Unternehmen implementieren. Es werden Handlungsstrategien festgelegt, um auf veränderte Geschäftsstrategien reagieren zu können.[8] Obwohl das SCOR-Modell eine nicht branchenspezifische Lösung ist und eine Standardisierung der Supply Chain zum Ziel hat, ist eine Individualisierung und Anpassung an die unternehmens- und branchenspezifischen Eigenheiten unbedingt notwendig, um dauerhafte Effizienz- und Wettbewerbsvorteile zu erzielen.

---

[8]Vgl. Lawrenz/ Hildebrand/ Nenninger (2001), S. 123

2.2 Der Bullwhip-Effekt - Anforderungen und Probleme des Supply Chain Managements

Moderne Supply Chains arbeiten heute nicht mehr nach dem veralteten Push-Prinzip und überschwämmen den Markt mit ihrem Warenangebot. Das heute angewandte Pull-Prinzip überlässt dem Endkunden der Supply Chain die Steuerung. Aus diesem Grund wird die Supply Chain in der Literatur auch Demand Chain genannt. Häufig sind sich Unternehmen diesem Wandel nicht bewusst und treffen isolierte Entscheidungen, die zu negativen Effekten entlang der gesamten Wertschöpfungskette führen. Entscheidungen werden zumeist aufgrund von Vermutungen, Faustregeln oder Gewohnheiten getroffen. Sofern sich die äußeren Bedingungen ändern, müssen sich ebenfalls die Entscheidungsmodelle ändern. Hier ist häufig ein schlechtes Lösungs- bzw. ein mangelhaftes Lernverhalten der Entscheider zu erkennen. Man sagt: „Das Auge sieht nur, was das Gehirn bereit ist zu verarbeiten". So neigen Unternehmen dazu, Entscheidungen aufgrund von falschen mentalen Modellen zu treffen. Es findet kein Erlernen aus gemachten Erfahrungen statt.

Durch den Bullwhip-Effekt entwickeln sich selbst kleine Veränderungen der Endkundennachfrage zu sehr großen Schwankungen der Bestellmengen. Je weiter ein Unternehmen vom Endkunden entfernt ist, desto schlechter ist die Prognosegüte der Nachfrageplanung.[9] Die Folgen einer Bestellmengenaufschaukelung sind offensichtlich. Produktionskapazitäten werden nicht gleichmäßig ausgenutzt, sondern zu unvorhersehbaren Massenbestellungen zusammengefasst, um Rabatte auszunutzen. Diese Schwankungen können wiederum nicht von den Zulieferanten abgefangen werden. In auftragsarmen Zeiten kommt es zu Produktionsstillständen. Um Fehlbeständen vorzubeugen, füllen Unternehmen ihre Lager mit Sicherheitsbeständen. Hohe Lagerbestände verursachen hohe Kapitalbindungskosten und machen die gesamte Supply Chain schwerfällig. Andererseits führen zu geringe Lagerbestände zu Out-of-Stock Situationen, die Umsatzausfälle und sogar Konzessionsstrafen zur Folge haben können.

Die Aufgabe des Supply Chain Managements ist, den Peitschen-

---

[9]Arndt (2006), S. 70 ff.

effekt abzuschwächen bzw. zu vermeiden. Die Fallstricke liegen vor allem in der Verzögerung von Material- und Informationsflüssen sowie isolierten Entscheidungen einzelner Unternehmen, ohne Rücksicht auf das Wertschöpfungsnetzwerk.[10] Nur durch eine konsequente Orientierung an der Nachfrageänderung des Kunden lässt sich der Peitscheneffekt reduzieren. Dazu bedarf es hoher Transparenz unter den Akteuren der Supply Chain. Nur wenn Lagerorte und -mengen jederzeit bekannt sind, können Kunden die Verfügbarkeit in ihre Bedarfsplanung einkalkulieren. So kann auf Sicherheitsbestände verzichtet und Kosten eingespart werden. Dies würde entscheidend dazu beitragen den Bullwhip-Effekt zu reduzieren.[11] Anhand der Abbildung 2.3 wird die Auswirkung der isolierten Bedarfsplanung verdeutlicht. Obwohl die Nachfrage beim Endkunde relativ gleichbleibend ist, wirken sich bereits kleinste Nachfrageänderungen sehr stark auf die Bedarfsplanung der vorgelagerten Unternehmen aus.[12]

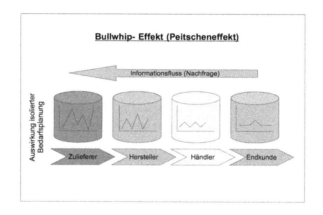

Abbildung 2.3: Der Bullwhip-Effekt (Peitscheneffekt) als Folge isolierter Nachfrageplanung entlang der Supply Chain; Eigene Darstellung in Anlehnung an Busch/ Dangelmaier (2004), Lawrenz/ Hildebrand (2001), Laudon/ Schoder (2008)

---

[10]Vgl. Arndt (2006), S. 73
[11]Vgl. Franke/ Dangelmaier (2006), S. 143
[12]Vgl. Busch/ Dangelmaier (2004)

2.3 Austausch unternehmensübergreifender Informationen

Das Ziel eines jeden Unternehmens ist es, seine Produkte und Dienstleistungen möglichst effizient auf den Markt zu bringen. Insbesondere durch die gestiegenen Kundenanforderungen sind die Unternehmen gezwungen, sich hinsichtlich der Qualität, Kosten und Liefertreue auf ihre Kernkompetenzen zu konzentrieren. Wichtig ist deshalb, sich auf moderne Planungskonzepte zu stützen, die einen unternehmensübergreifenden Blick auf die gesamte Supply Chain ermöglichen. Die Realität zeigt jedoch, dass bereits enorme Schwierigkeiten bei der Steuerung eigener Logistikprozesse auftreten. Unternehmen erstellen weiterhin eigene Nachfrageprognosen und bauen eigene Sicherheitsbestände auf, um sich nicht in die Karten schauen zu lassen. Durch eine unternehmensübergreifende Planung könnten sich die Zulieferer besser miteinander abstimmen.[13]

Viele Unternehmen scheuen davor zurück ihre unternehmensinternen Daten einem zentralen Planungstool zur Verfügung zu stellen. Sie sehen weiterhin erhöhte Risiken und gesteigerte Abhängigkeiten. Durch Kooperationsmodelle wie das Efficient Consumer Response oder das Vendor Managed Inventory könnten die unternehmensübergreifenden Prozesse deutlich transparenter gestaltet werden. Dies würde nicht nur zu einer Verkürzung der Durchlaufzeiten führen, sondern auch zu einer Prozessverschlankung und damit zu Kosteneinsparungen.

Nur über die Bereitstellung von Informationen entlang der gesamten Kette kann die Planungssicherheit erhöht werden. Durch den Einsatz moderner Supply Chain Werkzeuge kann die Steuerung und Kontrolle der Wertschöpfungskette erfolgreich funktionieren. Dazu bedarf es von allen Beteiligten einem partnerschaftlichen und prozessorientierten Verhalten. Nur so kann eine Win-Win-Situation für alle Unternehmen erzielt werden.[14]

---

[13]Vgl. Alicke/ Graf/ Putzlocher (2004), S. 489
[14]Vgl. Alicke/ Graf/ Putzlocher (2004), S. 497

2.4 Die Information als Schlüsselressource für das Supply Chain Management

Der unternehmensübergreifende Informationsfluss und die Kommunikation zwischen den Mitgliedern der Wertschöpfungskette hat mittlerweile mindestens den gleichen Stellenwert eingenommen, wie der Warentransport selbst.[15] Die Ressource Information nimmt im Supply Chain Management eine Sonderrolle ein. Sie unterliegt im Vergleich zu materiellen Gütern keiner Abnutzung und kann leicht entlang der Supply Chain transportiert werden. Trotzdem ist die asymmetrische Informationsversorgung entlang der Supply Chain ein wesentliches Grundproblem. In der IT wird eine Nachricht zu einer Information, wenn sie für einen Empfänger eine Bedeutung hat. Analog dazu lässt sich für die Betriebswirtschaft sagen, dass eine Information zweckbezogenes Wissen darstellt. Fehlt dieses zweckbezogene Wissen entlang der Supply Chain, können die Unternehmen nicht mehr synchron tätig werden. Es kommt zu erhöhten Transaktionskosten. Folglich ist es die entscheidende Aufgabe der Ressource Information, die Entscheidungsprozesse der gesamten Supply Chain zu unterstützen. In der Literatur der Logistik spricht man häufig neben der Transparenz entlang der Wertschöpfungskette auch von der Visibilität. Beide Begriffe beschreiben die Verfügbarkeit von Informationen. Je höher die Visibilität entlang der Supply Chain ist, desto besser ist die Gesamtperformance der Lieferkette.[16] Dabei kommt es nicht auf die Menge der Informationen an. Häufig scheitern Unternehmen daran, die Informationsflut entlang der Supply Chain zu verarbeiten. Für die Entscheidungsträger sind vielmehr die Verlässlichkeit und Richtigkeit der Informationen ausschlaggebend. Häufig sind Medienbrüche die Ursache für Intransparenz und Fehleranfälligkeit der inner- und überbetrieblichen Prozesse. Durch die mehrfache, manuelle Erfassung von Auftragsdaten entlang der Supply Chain, erhöht sich die Fehlerwahrscheinlichkeit von Stufe zu Stufe. Zur Vermeidung von Medienbrüchen ist die Integration eines Informationssystems unerlässlich.[17] Durch integrierte Informationssysteme wird die Planung und Ausführung der Supply Chain Prozesse grundlegend unterstützt.[18]

---

[15]Vgl. Janetzko (2004), S. 235
[16]Vgl. Strassner (2005), S. 34
[17]Vgl. Strassner (2005), S. 35
[18]Vgl. Lawrenz/ Hildebrand/ Nenninger (2001), S. 25

2.5 Entwicklung automatischer Identifikationsverfahren

In vielen Unternehmensbereichen, wie dem Wareneinkauf, der Distribution oder der Produktion haben automatische Identifikationsverfahren (Auto-ID) in den letzten Jahren weite Verbreitung gefunden. Sie unterstützen unter anderem die Bereitstellung von Informationen zu Rohstoffen und Fertigwaren.[19] Auto-ID Systeme bilden in vielen Unternehmensbereichen eine Schnittstellenfunktion zwischen dem IT-System (z.B. ERP-System) und der realen Welt. Da das Abbild der realen Welt jedoch immer nur so genau sein kann, wie die Daten bei ihrer Erhebung, ist an dieser Stelle ein besonderes Optimierungspotenzial gegeben. Die bereits zu Beginn erwähnten Faktoren wie erhöhte Kundenanforderungen, verschärfter Wettbewerbsdruck und kürzere Produktlebenszyklen erhöhen die Ansprüche an ein Auto-ID System zusätzlich.[20]

Durch die gestiegenen Anforderungen werden Schwachstellen entlang der Supply Chain wesentlich schneller sichtbar. Fehlbestände reduzieren beispielsweise die Jahresumsätze eines Einzelhändlers, um durchschnittlich zirka vier Prozent. Zumeist stimmen die tatsächlichen Lagermengen nicht mit den Daten im Warenwirtschaftssystem überein.[21] Das Problem liegt vor allem in der fehlerhaften Erfassung durch den Menschen. Es gilt deshalb die reale Welt so automatisiert wie möglich in die Welt der Informationssysteme zu übertragen. Ein gemeinsamer Nenner auf dem Weg zu einer fehlerfreien Integration der Welten, ist der Einsatz von automatischen Identifikationssystemen. Große Unternehmen, wie Metro, Tesco, Wal-Mart und Volkswagen, haben sich zu diesem Zweck zusammengefunden und arbeiten gemeinsam an einer Lösung.

Die Einführung der Barcode Technologie führte seiner Zeit zur Reduzierung möglicher Fehlerquellen. Diese Lösung war jedoch nicht in der Lage, die durch den manuellen Aufwand entstandene Zeit- und Kostenintensität zu reduzieren. Der Mensch war nach wie vor für die entstehenden Kosten der Schnittstelle zwischen realer Welt und Informationssystem verantwortlich. Somit waren Logistiker weiterhin auf der Suche nach einer reinen Maschine-zu-Maschine Kommunikation, welche die Prozesse hinsichtlich der Durchlaufzeit und

---

[19]Vgl. Finkenzeller (2008), S. 1
[20]Vgl. Strassner (2005), S. 54
[21]Fleisch/ Christ/ Dierkes (2005), S. 3f

Fehleranfälligkeit optimieren sollte.

Aus dieser Vision wurde ein neuer Begriff geschaffen, das Ubiquious Computing. Es hatte sich zum Ziel gesetzt, die reale Welt mit den Informationssystemen zu verbinden und so das „Internet der Dinge" zu schaffen. Nach der Vision des Ubiquious Computing wird die Datenerfassung möglichst beim ersten Rohstoffproduzenten der Supply Chain positioniert. So werden einfache Waren zu „intelligenten Dingen" erweitert. Durch den Einsatz eines Mikrochips sind diese fortan in der Lage, Informationen zu speichern, zu empfangen und zu versenden.

So lassen sich reale Geschäftsprozesse in den IT-Systemen zuverlässig aufeinander abstimmen und koppeln. Wie in Abbildung 2.4 erkennbar ist, besteht zwischen den virtuellen Informationen im oberen Bereich und den realen Prozessen im unteren Bereich nach wie vor eine Kluft. Durch die Verringerung der menschlichen Interaktion, einer Reduzierung des Zeitverzugs und durch die Steigerung der Datenqualität, wird diese verringert.[22]

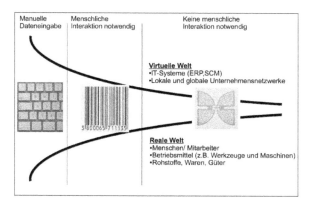

Abbildung 2.4: Der Medienbruch zwischen virtueller und realer Welt; Eigene Darstellung in Anlehnung an Gillert(2007), S.7; Fleisch(2006), S. 5

Die Abbildung verdeutlicht, wie die Verwendung von RFID als Basistechnologie des Ubiquious Computing die Maschine-zu-Maschine Kommunikation ohne menschliche Unterstützung ermöglicht. RFID ist folglich die Schlüsseltechnologie zur Integration der realen Welt

---

[22]Vgl. Gillert/ Hansen (2007), S. 7

mit betrieblichen Informationssystemen. In Verbindung mit anderen Auto-ID-Infrastrukturen lassen sich Objekthistorien, Zustandsüberwachungen oder Tracking-Systeme realisieren.[23] Durch das zum Barcode vergleichsweise weitreichende Potenzial der RFID Technologie, werden Funketiketten in der Literatur häufig auch als „die Augen und Ohren eines Informationssystems" bezeichnet.

[23]Vgl. Strassner (2005), S. 103

Kapitel 3

RFID Technologie - Grundlagen, Unterscheidungsmerkmale und Funktionsweisen

Viele Unternehmensbereiche werden heute bereits durch automatische Identifikationsverfahren unterstützt. Das Ziel ist die ständige Bereitstellung von Informationen über Menschen, Waren oder Güter.[1] Durch den zunehmenden Einsatz von Informations- und Kommunikationstechnologien werden neue und höhere Anforderungen an die Auto-ID Systeme gestellt. Gegenwärtig verwendete Verfahren wie der Barcode sind zunehmend mit den hohen Anforderungen überfordert. Da technischer Stillstand jedoch für jedes Unternehmen am Markt ein Todesurteil bedeuten würde, rücken neue Technologien in den Fokus der Unternehmen. In diesem Kapitel werden deshalb die technischen Eigenschaften der RFID Technologie betrachtet.

3.1 Begriffsbestimmung und Einordnung im Bereich der Auto-ID Systeme

Die Abkürzung RFID steht für „Radio Frequency Identification" und bezeichnet eine Technologie der automatischen Identifikationssysteme.[2] Auto-ID Systeme stellen eine Schnittstellenfunktion zwischen den IT-Systemen und der realen Welt dar. Durch die Er-

---

[1]Vgl. Finkenzeller (2008), S. 1
[2]Vgl. Franke/ Dangelmaier (2006), S. 8

fassung von bestimmten Merkmalen sind Auto-ID Systeme in der Lage, Objekten eine definierte Bedeutung zuzuordnen. Typische Auto-ID Systeme in der Logistik sind beispielsweise der Barcode oder die Optical Character Recognition (OCR). RFID Systeme erweitern das Anwendungsgebiet der Auto-ID Systeme nun erstmals hinsichtlich der Vision des Ubiquious Computing, der nahtlosen Integration von Geschäftsprozessen in betriebliche IT-Systeme.[3]

3.2 Bestandteile und Funktionsweisen eines RFID Systems

Der Aufbau und die Funktionsweisen eines RFID Systems werden in der vorliegenden Arbeit möglichst einfach gehalten, da komplizierte technische Details für die Wirtschaftlichkeitsbetrachtung des RFID Einsatzes weniger von Bedeutung sind.

Grundlegend besteht ein RFID System immer aus zwei wesentlichen Komponenten:

- dem Transponder, der an dem zu identifizierenden Objekt angebracht wird

- und dem Lesegerät, dem so genannten Reader.

Es handelt sich objektiv betrachtet um eine Sender und Empfänger Technologie. RFID Lesegeräte können jedoch nicht einfach an die bestehenden EDV-Systeme im Unternehmen angeschlossen werden. Um den Austausch von Daten für die Wirtschaft nutzbar zu machen und die Informationen in die IT-Landschaft des Unternehmens zu übertragen, wird eine zusätzliche Middleware verwendet. Sie verarbeitet und filtert die Informationen, die durch die RFID Lesegeräte aufgenommen werden und übergibt sie in einem lesbaren Format an die Unternehmenssoftware.[4]

Abbildung 3.1 zeigt den grundlegenden Aufbau eines RFID Systems. Der an einem Objekt angebrachte Mikrochip wird Transponder genannt. Es handelt sich dabei um ein Kunstwort aus Transmitter und Responder. Dieser wird von einem Lesegerät dazu angeregt seine Daten und Informationen „antwortzusenden".[5] Der Transponder stellt den Datenträger des RFID Systems dar. Er besteht aus einem elektronischen Mikrochip und einem Koppelelement, welches

---

[3] Strassner(2005), S. 54
[4] Weigert (2006), S. 24
[5] Vgl. Rosol (2007), S. 30

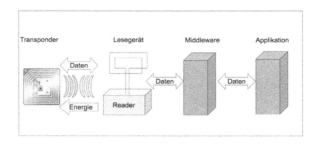

Abbildung 3.1: Aufbau eines RFID Systems - Eigene Darstellung in Anlehnung an Finkenzeller (2008), S. 7

häufig in Form einer Spule als Antenne genutzt wird. Sie stellt die Verbindung zum Lesegerät her, sobald der Transponder in dessen Ansprechbereich gebracht wird.[6]

Das Pendant zum Transponder ist das Lesegerät, welches die Daten des Mikrochips auslesen oder neue auf diesem speichern kann. Zusätzlich verfügen Lesegeräte über eine weitere Schnittstelle, um Daten an ein übergeordnetes IT- System weiterleiten zu können.[7] Lesegeräte sind in Abhängigkeit von ihrem Einsatzbereich in verschiedenen Bauformen erhältlich. Stationäre Lesegeräte sind direkt über eine Schnittstelle mit dem IT-System verbunden und können so viel leichter in das Unternehmensnetzwerk eingebunden werden. Sie sind jedoch an einen Ort gebunden, so dass Waren über Fließbänder an den Lesegeräten vorbeigeführt werden müssen.

Mobile Lesegeräte hingegen sind ortsunabhängig einsetzbar und können von Mitarbeitern mitgeführt werden. Die Größe der mobilen Geräte kann von einem Handheld bis zu einem Lesewagen variieren und hängt größtenteils von der Lesereichweite ab. Eingelesene Daten werden im Lesegerät gespeichert. Wahlweise können die Daten per Funkübertragung oder Dockingstation vom Lesegerät an das weiterverarbeitende IT-System weitergegeben werden.[8]

Der Transponder übermittelt seine Daten, ohne dabei tatsächlich zu senden. Da die meisten Transponder selbst keine Hochfrequenzsignale erzeugen können, antworten sie lediglich indem sie das vom Lesegerät ausgesendete elektromagnetische Feld modulieren und im

---

[6]Vgl. Finkenzeller (2008), S. 9
[7]BSI (2005), S. 20
[8]Vgl. Franke/ Dangelmaier (2006), S. 46

Takt der gespeicherten Daten verändern.[9] Alle Schreib- und Leseoperationen werden streng nach dem Master-Slave-Prinzip abgewickelt. Dies bedeutet, dass alle Aktivitäten zwischen dem RFID Transponder und dem Lesegerät, durch die Software im Hintergrund angestoßen werden. Die Hierarchie der Komponenten wird durch Abbildung 3.2 verdeutlicht.

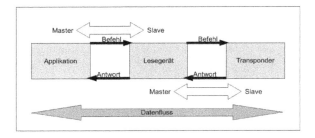

Abbildung 3.2: Master-Slave-Prinzip zwischen Applikation, Lesegerät und Transponder - Eigene Darstellung in Anlehnung an Finkenzeller (2008), S. 361

3.3 Unterscheidungsmerkmale und technische Varianten von RFID Systemen

RFID Systeme werden in verschiedenen Varianten sowie von ebenso vielen Herstellern produziert. Deshalb gibt das folgende Kapitel einen umfassenden Überblick über die Unterscheidungsmerkmale der RFID Systeme. Entscheidet sich ein Unternehmen für ein RFID System, so muss dies anhand verschiedener Messgrößen geschehen. Im folgenden Kapitel werden Unterschiede hinsichtlich der Energieversorgung, der Bauform, des Frequenzbereiches sowie der Speicherform betrachtet, um die RFID Systeme nach technischen Gesichtspunkten zu differenzieren.

---

[9]Rosol (2007), S. 30

3.3.1 Energieversorgung von aktiven und passiven Transpondern

Ein sehr wesentliches Unterscheidungsmerkmal von RFID Systemen ist die Energieversorgung, da sie starke Auswirkungen auf die Bauform, die Leistungsfähigkeit und die Lebensdauer des RFID Transponders hat. Hinsichtlich der Energieversorgung werden passive, aktive und semi-aktive Transponder unterschieden.[10]
Passive Transponder verfügen über keine eigene Energieversorgung. Die Energie wird über die Antenne des Transponders dem elektromagnetischen Feld entnommen. Befindet sich der Transponder außerhalb der Lesereichweite, so ist dieser vollkommen frei von elektrischer Energie und nicht in der Lage eine Information weiterzugeben.[11] Einerseits reduzieren sich durch das passive Verfahren die Lesereichweiten sehr deutlich. Andererseits sind passive Transponder besonders langlebig und vor allem äußerst kostengünstig. Aufgrund der geringen Kosten eignen sich diese Transponder auch für die Kennzeichnung auf Einzelartikelebene. Sogenannte 1-Bit-Transponder finden bereits seit längerer Zeit Verwendung in der elektronischen Diebstahlsicherung von Kaufhäusern. Sie sind zu nichts Anderem in der Lage als mitzuteilen: „Dieb im Ansprechbereich - Alarm an". Die Funktionsweise eines passiven RFID Transponders im elektromagnetischen Feld eines Lesegerätes verdeutlicht die Abbildung 3.3.

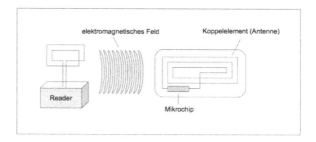

Abbildung 3.3: Funktionsweise eines passiven RFID Transponders - Eigene Darstellung in Anlehnung an Finkenzeller (2008),S. 24

Wie anhand von Abbildung 3.4 verdeutlicht wird, verfügen akti-

---

[10]Vgl. Franke/ Dangelmaier (2006), S. 20
[11]Vgl. Finkenzeller (2008), S. 23f

ve Transponder über eine eigene Energieversorgung und sind somit fast unabhängig von der Energie des Lesegerätes. Aktive Transponder sind durch die zusätzliche Energieversorgung in der Lage, mit weiteren Sensoren ausgestattet zu werden, welche beispielsweise die Temperatur überwachen. Die aktive Variante ist aufwändi-

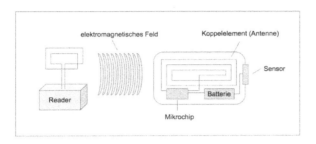

Abbildung 3.4: Funktionsweise eines aktiven RFID Transponders - Eigene Darstellung in Anlehnung an Finkenzeller (2008),S. 24

ger konstruiert und somit auch teurer als ein passiver Transponder. Sie werden häufig bei der Identifikation von Fahrzeugen und zur Kennzeichnung von Mehrwegbehältern verwendet.[12] Auch aktive Transponder verwenden nicht immer die eigene Energie zum Senden des Signals an den Reader. Die zusätzliche Energie wird für den Betrieb des höherwertigen Mikrochips verwendet, welcher sowohl eine höhere Datenkapazität besitzt und weitere Funktionen wie beispielsweise eine Verschlüsselung der Daten ermöglicht. Durch die zusätzliche Energie genügt dem aktiven Transponder eine wesentlich geringere Feldenergie für die Antwort auf Anfragen. In der Literatur werden diese Transponder auch als „semi-aktive Transponder" bezeichnet, was darauf hindeutet, dass der Transponder kein eigenes Hochfrequenzsignal erzeugen kann. Unter Berücksichtigung der zulässigen Sendeleistungen für RFID Lesegeräte werden derzeit je nach verwendetem Frequenzbereich Reichweiten von maximal 15 Metern erreicht.

Eine weitere Variante von aktiven Transpondern entspricht in ihrer Schaltungstechnik eher einem klassischen Funkgerät. Die Transponder senden Signale über einen aktiven Sender und verfügen häufig über einen hochwertigen Empfänger. Die Energieversorgung des

---

[12]Vgl. Franke/ Dangelmaier (2006), S. 20

Transponders sowie der Sende- und Empfangseinheit, erfolgt dabei durch eine lokale Energiequelle.[13] Da dieser Transponder zum Senden und Empfangen durch die Energie der eigenen Batterie unterstützt wird, reduziert sich die Lebensdauer je nach Ansprechhäufigkeit deutlich. Diese Variante aktiver Transponder stellt eine Sonderform dar, weil die eigentliche Idee von RFID - die Passivität der Kommunikation - verloren geht.[14]

3.3.2 Verwendungsspezifische Bauformen

Transponder können in den verschiedensten Bauformen und theoretisch in einem beliebigen Gehäuse verbaut werden. Jedoch muss neben den rein technischen Aspekten auch das verwendete Material hinsichtlich seiner unterschiedlichen Wirkung auf das Feld des Lesegerätes berücksichtigt werden. Ebenso ist die Wahl der Bauform abhängig von den Anforderungen an Robustheit, Wasserdichte und Hitzebeständigkeit.[15] Man spricht in diesem Zusammenhang von „Form follows Function".

Häufige Bauformen sind sogenannte Disks oder Münzen (Coins). Mit einer Größe von wenigen Millimetern bis zu 10 cm lassen sie sich durch eine mittige Bohrung mit einer Schraube am Objekt befestigen. Ihre Polystyrolhülle bietet dem Transponder guten Schutz gegen Chemikalien oder Hitze.[16] Sie eigenen sich vor allem in Umgebungen, in denen hohe mechanische Belastungen auftreten können. Häufig werden sie deshalb zur Steuerung industrieller Prozesse, beispielsweise in der Produktion, eingesetzt.

Unter dem Begriff „Smart Label" versteht man eine Tranponderbauform, die scheckkartenförmig auf nur 0,1 mm dünne Plastikfolien aufgebracht wird. Häufig werden diese Etiketten in Form von Klebeetiketten hergestellt. Sie sind flexibel genug, um auf Waren oder Packstücken aller Art befestigt zu werden.[17] Aufgrund der sehr geringen Kosten, ist das Smart Label zu einem potenziellen Konkurrenten gegenüber dem Barcode gewachsen. Nicht selten werden Barcodes auf das Smartlabel gedruckt, um eine Umstellung der Technologien möglichst fließend zu gestalten.[18]

Der Glastransponder wird vor allem zur Identifikation von Tieren

---

[13]Vgl. Finkenzeller (2008), S. 24
[14]Vgl. Rosol (2007), S. 31
[15]Franke/ Dangelmaier (2006), S. 24
[16]Finkenzeller (2008), S. 14
[17]Vgl. Finkenzeller (2008), S. 20
[18]Vgl. Franke/ Dangelmaier(2006), S. 25

Abbildung 3.5: Transponder in unterschiedlichen Bauformen - Abbildung in Anlehnung an Finkenzeller (2008), S. 14 ff. und Franke/Dangelmaier (2006), S. 25

eingesetzt. In der Holzlagerung werden Kunststoffnägel mit Transpondern ausgestattet. Neben diesen Bauformen werden eine Vielzahl spezifischer Bauformen hergestellt. In Abbildung 3.5 sind einige Beispiele für unterschiedliche Bauformen dargestellt.

3.3.3 Frequenzbereiche - Das Problem der Standardisierung

Das wichtigste technische Unterscheidungsmerkmal für die Kommunikation zwischen Transponder und Lesegerät ist der Frequenzbereich.[19] Die Wahl der Frequenz wirkt sich direkt auf die erzielbare Reichweite und damit auch auf den Einsatzbereich des RFID Systems aus. Obwohl RFID Systeme mit vergleichsweise geringen Reichweiten arbeiten, handelt es sich um Funkverbindungen die nicht ohne Weiteres beliebige Frequenzen verwenden dürfen.[20] Für die Nutzung von Hochfrequenzen in der Industrie, Wissenschaft und Medizin sind nur bestimmte Frequenzbereiche zur Funkübertragung freigegeben worden. In Deutschland regelt die Bundesnetzagentur die Vergabe von Frequenzbereichen. Da der Warenverkehr jedoch über die Landesgrenzen hinaus verläuft, müssen auch internationale Vereinbarungen über die Nutzung von Frequenzen getroffen werden.[21]

Es gibt vier Frequenzbereiche in denen RFID Systeme eingesetzt

[19]Vgl. Dittmann (2006), S. 39
[20]Vgl. Schoblick/ Schoblick (2005), S. 126
[21]Vgl. Franke/ Dangelmaier (2006), S. 23

werden. Viele RFID Systeme senden im Ultrahochfrequenzbereich (UHF), der zum Palettentracking oder zur Mauterfassung genutzt wird. Zusätzlich wird der Low Frequency-(LF) und der High Frequency-Bereich(HF) verwendet. Insbesondere im UHF-Bereich gelten noch immer weltweit uneinheitliche Frequenzen. Es muss also bereits bei der Auswahl der Lesegeräte darauf geachtet werden, dass möglichst viele Frequenzen abgedeckt werden.[22] In der europäischen Union und den USA haben sich die Frequenzbereiche unter 135 kHz, 13,56 MHz, 869 bzw. 915 MHz für den kommerziellen Einsatz von RFID Systemen durchgesetzt.[23] Da es jedoch keine international festgelegten Frequenzen für bestimmte Warengruppen gibt, handelt es sich meist nur um Empfehlungen einzelner Wirtschaftsverbände. Teilweise kommen auch spezielle Transponder und Lesegeräte zum Einsatz, die mit mehreren Frequenzen arbeiten können. So können in den USA die aus historisch postalischen Gründen genutzten Frequenzen von 902 bis 928 MHz ebenfalls verarbeitet werden.[24] Erkennbar ist, dass in diesem Bereich noch ein deutliches Optimierungspotenzial vorliegt. Insbesondere eine internationale Standardisierung der Frequenzbereiche könnte den Nutzen für alle Beteiligten entlang der Wertschöpfungskette erhöhen.

3.3.4 Kapazitäten und Speichertechnologie

Der Speicher eines RFID Transponders stellt eines der wichtigsten Elemente dar. Auf ihm werden die Informationen abgelegt und können zu einem späteren Zeitpunkt ausgelesen werden.

Die Speicherkapazität entscheidet im Wesentlichen über die Größe und vor allem die Kosten des Transponders.[25] Das Speichervolumen variiert je nach Transponder zwischen einem Bit bis zu mehreren Kilobyte. Zusätzlich werden Read-Only- und Read-Write-Memories unterschieden.[26]

Die Daten eines Read-Only Memories werden bereits bei der Herstellung unveränderbar auf den Chip gebrannt und können danach nur noch ausgelesen und nicht mehr verändert werden. Diese Transponder sind zwar günstiger, bieten jedoch nicht die Möglichkeit variable Informationen entlang der Supply Chain auf dem RFID

---

[22]Vgl. Strassner(2005), S. 60
[23]Vgl. BSI (2005), S. 24
[24]Franke/ Dangelmaier (2006), S. 23
[25]Vgl. Finkenzeller (2008), S. 30
[26]Vgl. Dittmann (2006), S. 40

Transponder zu speichern.[27] Sofern die Daten des Speichers nicht bereits bei der Herstellung unveränderbar festgelegt werden sollen, werden so genannte Read-Write Memories eingesetzt, welche jederzeit durch Schreibzugriffe verändert werden können. Dies hat vor allem dann einen Vorteil, wenn die Daten dezentral am Objekt und nicht in einem IT System gespeichert werden sollen, wie z.B. in der Automobilindustrie. So können Nutzdaten, Handlungsanweisungen und Prozessdaten hinterlegt werden. Lieferscheine können gespeichert und vom Empfänger ausgelesen werden.[28]

3.4 Vielfachzugriff und Antikollisionsverfahren

Bisher wurde in der vorliegenden Arbeit immer von einer kontaktlosen Verbindung zwischen einem Transponder und einem Lesegerät gesprochen. In der Realität wird es allerdings in den wenigstens Fällen tatsächlich nur eine 1:1 Situation geben. Zumeist werden sich eine Vielzahl von RFID Transpondern gleichzeitig im Lesebereich des Readers befinden. Alle Transponder übertragen ihre Identifikationsdaten an das Lesegerät. Damit sich die Signale der RFID Tags nicht überlagern und das Lesegerät letztlich keinen der Transponder erkennt, werden so genannte Vielfachzugriffs- oder Antikollisionsverfahren eingesetzt.[29] Die in RFID Systemen am häufigsten verwendeten Antikollisionsverfahren basieren auf dem Time Division Multiple Access Prinzip (TDMA). Darunter versteht man Techniken, bei denen die gesamte zur Verfügung stehende Kanalkapazität zeitlich zwischen den Transpondern aufgeteilt wird. In Bezug auf RFID werden hier zwei Verfahren unterschieden, das transpondergesteuerte- und den lesegerätgesteuerte Verfahren.[30]

Das transpondergesteuerte Aloha-Verfahren beruht auf einer Abfrage aller im Lesebereich befindlichen Transponder. Das Lesegerät sendet ein immer gleich lautendes Anfragesingal aus, auf welches die Transponder mit ihrem individuellen Identifikationscode antworten. Die Datenübertragung von RFID Transpondern ist im Verhältnis zum Requestsignal des Lesegerätes sehr kurz, so dass es bei einer begrenzten Anzahl von Transpondern eher selten zur Kol-

---

[27]Vgl. BSI (2005), S. 26
[28]Vgl. Gillert/ Hansen (2007), S. 147f
[29]Vgl. BSI (2005), S. 31
[30]Vgl. Finkenzeller (2006), S. 222

lision kommt.[31] Einige Transponder lassen sich durch ein Signal des Lesegerätes, einen sogenannten „Kill-Befehl" nach der Datenübertragung stummschalten, um so Lesekapazitäten für weitere Transponder freizugeben und das Kollisionsrisiko zu verringern.[32] Im Gegensatz zum Aloha- Prinzip selektiert beim Tree-Walking-Verfahren das Lesegerät die Reihenfolge der Transponder. Das Lesegerät fordert dabei alle in einem Intervall befindlichen Transponder auf, deren Identifikationsnummer zu übertragen. Sofern es zu einer Kollision kommt, wird das Intervall durch das Lesegerät halbiert. Dies wird so lange wiederholt, bis nur noch ein einzelner Tag antwortet. Nach dem Auslesen wird dieser stumm geschaltet. Anschließend werden alle Intervalle nach dem gleichen Prinzip gefiltert, bis alle im Lesebereich befindlichen Transponder ausgelesen wurden.[33]Durch die sukzessive Reduzierung des Suchbereiches ermöglicht das Tree-Walking-Antikollisionsverfahren die Bearbeitung von bis zu 100 Tags pro Sekunde.[34]

3.5 Das EPCglobal Netzwerk - Effizienzsteigerung durch Webservices

In den vergangenen Jahren wurde viel Geld in die weltweite Standardisierung von RFID Systemen investiert. „In der Zeit globalisierter Wirtschaft und global vernetzten Kriegen machen eben nur planetarische Lösungen Sinn".[35] Das EPCglobal-Netzwerk setzt auf die weltweite Kommunikation durch Daten und wurde 1999 vom Auto-ID Center am Massachusetts Institute of Technology (MIT) in Bosten konzipiert. Das internationale Konsortium besteht aus Forschungsinstituten, Industrielaboren sowie Handels- und Lebensmittelkonzernen. Experten sind sich über die Notwendigkeit einer weltweiten Standardisierung einig. Nur so kann die Steigerung von Transparenz und Effizienz in Lieferketten sowie die Verbesserung der Qualität des Informationsflusses zwischen den Unternehmen durchgesetzt werden.[36] Nach der Grundidee des EPCglobal Netzwerks sollen Produktinformationen jederzeit mit Hilfe des Internets verfügbar gemacht wer-

---

[31]Vgl. Rosol (2007), S. 41
[32]Vgl. BSI (2005), S. 31
[33]Vgl. Lampe/ Flörkemeier/ Haller (2005), S. 76
[34]Vgl. Gillert/ Hansen (2007), S. 156
[35]Zitat: Rosol (2007), S. 43
[36]Vgl. Gillert/ Hansen (2007), S. 92

den. Das Konzept wird deshalb auch als das „Internet der Dinge"
bezeichnet. Das Netzwerk verbindet dezentrale Server, die sämtliche
Informationen zu einem Objekt enthalten. Die Standardisierung er-
laubt es, dass die Informationen überall auf der Welt auf die gleiche
Weise eingesetzt werden.[37]
Der Schlüssel zum EPCglobal Netzwerk ist der Electronic Product
Code (EPC). Er besteht aus einer auf dem Transponder gespeicherten einmaligen Ziffernfolge, welche das Objekt mit den hinterlegten
Systemdaten verlinkt. Der EPC ist eine Weiterentwicklung der be-
kannten European Article Number (EAN) und soll in Kombination
mit der RFID Technologie die herkömmlichen Barcodes ablösen.[38]
Wie bereits in der Einführung erwähnt wurde, sind die Grenzen
des Barcodeverfahren bereits erreicht. So tragen beispielsweise alle
1 Liter Milchflaschen eines Milcherzeugers die gleiche EAN Num-
mer. Im Gegensatz dazu ermöglicht der EPC die Vergabe einer
individuellen Seriennummer für jedes einzelne Produkt. Der EPC

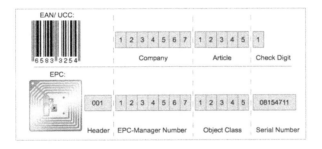

Abbildung 3.6: Vergleich der Kodierung des heutigen EAN/UCC
mit der Kodierung eines EPC - Eigene Darstellung in Anlehnung
an Finkenzeller (2008), S. 319

besteht je nach Ausführung aus 64 Bit, 96 Bit oder 256 Bit und
setzt sich aus folgenden Bestandteilen zusammen:

- **der Header** gibt Auskunft über die verwendete EPC Version

- **die EPC-Manager Number** kennzeichnet den Hersteller

- **die Object Class** enthält die Produktnummer

---

[37]Vgl. Popova (2005), S. 4
[38]Vgl. Weigert (2006), S. 30

- **die Serial Number** enthält die Kennzeichnung jedes einzelnen Produkts[39]

Die Bestandteile des EAN/Barcodes und dem EPC sind in Abbildung 3.6 vergleichend dargestellt. Wie deutlich wird, ist der EPC lediglich eine Identifikationsnummer für ein Objekt, welches entlang der Lieferkette bewegt wird. Die Informationen über das Objekt werden dem einzelnen EPC zugeordnet und ausschließlich im EPCglobal Netzwerk geführt und verwaltet. Jede Firma im Netzwerk pflegt und kontrolliert die Datensätze, mit den Objektdaten zu den von ihr herausgegeben EPCs selbst.[40]

In Abbildung 3.7 werden die Komponenten des EPCglobal Netzwerks beschrieben und verdeutlicht, wie der Austausch von Informationen vollzogen wird. Der Lebenszyklus des EPC beginnt mit

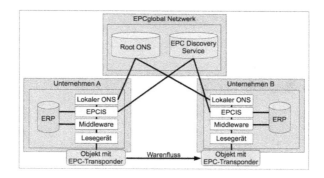

Abbildung 3.7: Software Infrastruktur des EPCglobal Netzwerks - Eigene Darstellung in Anlehnung an Gillert/ Hansen (2007), S. 95 und EPCglobal

der Anbringung des Transponders auf dem Produkt durch den Hersteller. Die dem Produkt zugeordneten Daten, wie beispielsweise das Verfallsdatum, werden im EPC Information Service (EPCIS) des Herstellers gespeichert. Um die Informationen für alle Teilnehmer des EPCglobal Netzwerks verfügbar zu machen, werden die Informationen beim EPC Discovery Service registriert. Sobald das Objekt die nächste Stufe der Lieferkette erreicht, z.B. Großhandel, werden die aktuellen Informationen wiederum im EPCIS des Großhändlers gespeichert und ebenfalls beim EPC Discovery Service

---

[39]Vgl. Schuster/ Allen/ Brock, S. 25
[40]Vgl. Finkenzeller (2008), S. 321

32

registriert.[41] Um die objektbezogenen Informationen zu empfangen, benötigt der Netzwerkteilnehmer die IP-Adresse des Hersteller-ECPIS. Zu diesem Zweck übermittelt der Anfragende die Company Prefix des auf dem Transponder gespeicherten EPC an einen Object Name Server (ONS). Der ONS liefert nun die passende Adresse des Hersteller-EPCIS. Durch die Abfrage des EPCIS mit der Object Class und der Seriennummer des EPC erhält der Anfragende nun alle gespeicherten Daten zum Produkt.[42]

Durch die Auslagerung der Objektinformationen auf dedizierte Server reicht ein Electronic Product Code auf einem RFID Transponder aus, um ein Objekt eindeutig zu identifizieren und den Lebenszyklus entlang der Supply Chain in Echtzeit zu überwachen. Durch den Einsatz dieses Webservices genügen günstige RFID Transponder, da keinerlei weitere Objektinformationen neben dem EPC gespeichert werden müssen. Auf diesem Wege wird der Einsatz der RFID Technologie entlang der Supply Chain auch für Branchen attraktiv, die bisher vor zu hohen Transponderkosten zurückgewichen sind.[43]

---

[41]Vgl. Popova (2005), S. 6
[42]Vgl. Gillert/ Hansen (2007), S. 93 f
[43]Vgl. Weigert (2006), S. 32

Kapitel 4

Optimierungspotenziale durch den Einsatz von RFID entlang der Supply Chain

Das dritte Kapitel der vorliegenden Arbeit beschäftigte sich mit den technischen Möglichkeiten der RFID Technologie. So wurden diverse Optimierungspotenziale aufgedeckt, die in diesem Kapitel nun genauer betrachtet werden. Der RFID Technologie wird in der Fachliteratur insbesondere die Beeinflussung von Geschäftsprozessen zur Effizienzsteigerung zugetraut. Dabei fungiert die Technologie als Brücke zwischen Realität und virtueller Welt. Geschäftsprozesse werden unterstützt, beeinflusst oder sogar umfassend verändert. Das Ziel ist in jedem Fall die Prozesse schneller, transparenter und sicherer zu gestalten.[1]

Der Einsatz der RFID Technologie entlang der Supply Chain und die daraus resultierenden Auswirkungen beschäftigen derzeit Analysten. Studien und Prognosen aus Forschung und Industrie beruhen auf vorsichtigen Schätzungen und Recherchen. Diese Vorsicht ist begründet, denn die Vielfalt der Wertschöpfungskettentypen und -strukturen ist scheinbar unendlich. Folglich beschränken sich Studien größtenteils auf spezifische Anwendungsfälle.[2]

Das folgende Kapitel beschreibt und bewertet, wie sich der Einsatz der RFID Technologie auf die Prozesse entlang der Supply Chain auswirkt. Da sich Prozesse nicht immer klar voneinander abgrenzen lassen, kommt es bei dieser Betrachtung häufiger zu Überschneidungen.

---

[1]Vgl. Sprenger/ Wecker (2006), S. 139
[2]Vgl. Sprenger/ Wecker (2006), S. 140

4.1 Einsatz von RFID Technologie in unternehmensübergreifenden Prozessen

Der Beweis dass eine neue Technologie funktioniert, ist die erfolgreiche Anwendung in der Praxis.[3] Die RFID Technologie hat in einigen Bereichen und Unternehmen das Pilotprojektstadium bereits überschritten. Es werden Prozesse beschrieben und bewertet, in denen der Einsatz von RFID Technologie realisierbar ist. Nach wie vor sehen jedoch viele Unternehmen RFID nur als einen Ablöser der Barcodes an. Ohne das dahinter stehende Potenzial zu betrachten, wird die Technologie häufig mit dem Tracking und Tracing von Versandstücken in Verbindung gebracht. Die Steigerung der Visibilität entlang der gesamten Wertschöpfungskette wird dabei weitestgehend außer Acht gelassen. Dabei liegen genau hier die kritischen Erfolgsfaktoren eines effizienten Supply Chain Managements.

4.1.1 Supply Chain Planung

Die Supply Chain Planung ist in vielen Unternehmen mit den größten Problemen im Bereich des Supply Chain Managements behaftet. Viele Unternehmen wissen gar nicht, was sie überhaupt für die Supply Chain planen müssen. In Kapitel 2 der vorliegenden Arbeit wurde bereits über die Auswirkungen einer isolierten Planung in Bezug auf den Bullwhip Effekt gesprochen. Dabei wurde festgestellt, dass Planungsprozesse nur dann fehlerfrei und effizient sind, wenn Informationen und Daten in Echtzeit zur Verfügung stehen. Aufgrund von mangelndem Vertrauen in die eigenen Planwerte halten Unternehmen weiterhin an zusätzlichen Puffern fest. Sicherheitsbestände und freie Produktionskapazitäten werden eingeplant und hemmen die Effizenz der gesamten Supply Chain. Die Optimierung von Angebot und Nachfrage bildet folglich den zentralen Fokus der Supply Chain Planung.

Untersuchungen einer Studie des Beratungshauses Accenture sehen genau diese Schlüsselfaktoren als erfolgsentscheidend für den Einsatz der RFID Technologie in der Supply Chain Planung an. RFID Technologie erhöht die Visibilität entlang der Supply Chain und reduziert die Auswirkungen des Bullwhip Effekts. Die hohe Zuverlässigkeit der Daten reduziert die Notwendigkeit von Puffern, Sicherheitsbeständen und freien Kapazitäten.

---

[3]Vgl. Gillert/ Hansen (2007), S. 187

Die unternehmensübergreifende Transparenz der Lagerbestände ist eine Grundvoraussetzung für eine effiziente Planung. Durch den Einsatz von RFID sind Unternehmen in der Lage, fehleranfällige und zeitintensive Arbeitsschritte zu eliminieren. Die Zuverlässigkeit von Daten stellt einen strategischen Vorteil für alle Teilnehmer der Supply Chain dar. Durch eine hoch effiziente Planung werden Out-of-Stock Situationen vermieden und die Reaktionsfähigkeit des Unternehmens auf verändernde Marktbedingungen wird gesteigert.[4] Echtzeitinformationen zu einem Produktstatus, beispielsweise produziert, verpackt oder versandt, erhöhen die Planungssicherheit für alle nachgelagerten Unternehmen entlang der Wertschöpfungskette und unterstützen strategische Konzepte, wie das Just-In-Time Verfahren. Da Unternehmen in zunehmendem Maße International agieren, ist es umso wichtiger die Transparenz von Daten und Informationsflüssen sicherzustellen. Die Visibilität erleichtert die operative Steuerung insbesondere im Hinblick auf unvorhersehbare Ereignisse. Diese Ereignisse können den geplanten Ablauf deutlich behindern. Die erhöhte Visibilität durch den Einsatz der RFID Technologie ermöglicht es dem Unternehmen wesentlich flexibler auf Kundenwünsche zu reagieren, indem es das logistische System auf der Basis von realen Echtzeitdaten optimiert.[5]

4.1.2 Wareneinkauf und -verkauf

Im Einkauf eines Unternehmens erfolgt die Beschaffung von Produkten und Dienstleistungen, die nicht durch die eigene Produktion hergestellt werden. Er stellt demzufolge die wirtschaftliche Versorgung des Unternehmens sicher. Der Einkauf stellt ein wesentliches Bindeglied zu vorgelagerten Unternehmen entlang der Supply Chain dar.[6] Folgende Ausführungen behandeln deshalb den Wareneingang und -ausgang, die Warenkontrolle sowie das Lagermanagement.

Wareneingang und -ausgang

Die Prozesse im Wareneingang und -ausgang sind heute noch häufig mit großem manuellen Aufwand verbunden. Artikel werden erfasst, Transportbegleitscheine überprüft und mit den Daten im Warenwirtschaftssystem abgeglichen. Der Einsatz von Barcodes konnte

---

[4]Vgl. Busschop, S. 3f
[5]Vgl. Dittmann (2006), S. 2
[6]Vgl. Hansen/ Neumann, S. 562

eine teilautomatische Erfassung von Warenlieferungen ermöglichen. Die Lesbarkeit der optischen Barcodes leidet jedoch insbesondere unter den rauhen Transport- und Lagerbedingungen.[7] Daraus resultierende Lesefehler unterbrechen den Wareneingangsprozess, erhöhen die Durchlaufzeit und reduzieren demzufolge die Effizienz. Waren müssen im schlimmsten Fall manuell eingelesen werden, welches wiederum eine hohe Fehleranfälligkeit zur Folge hat.

Die automatische Produktidentifikation mittels RFID Transpondern ermöglicht eine wesentlich effizientere Erfassung von Warenbewegungen. Paletten, Kartons oder Pakete werden mit einem RFID Transponder ausgestattet. Die auf den Tags gespeicherten elektronischen Produktcodes identifizieren die Warenlieferung eindeutig. Die gesammelten Daten werden durch das Warenwirtschaftssystem zu einem elektronischen Lieferschein zusammengestellt. Die manuelle Erfassung entfällt und die elektronischen Daten können bereits beim Verlassen des Werkes an den Empfänger über eine vereinbarte elektronische Schnittstelle (EDI) gesendet werden.[8] Durch die Installation von RFID Lesegeräten an den Eingangstoren des Warenempfängers wird die automatische Produktidentifikation ermöglicht. So können bereits bei der Anlieferung die mit RFID Transpondern ausgestatteten Ladungsträger erkannt und erfasst werden. Durch die sogenannte Pulkerfassung können ganze LKW Ladungen stückgenau erfasst werden, sobald diese an einem RFID Lesegerät vorbeifahren. Des Weiteren reduziert sich der Aufwand und die Durchlaufzeit im Wareneingang zusätzlich. Vorhandene Kapazitäten an Wareneingängen und -ausgängen werden wesentlich effizienter genutzt, so dass Leerlaufzeiten und Stillstände vermieden werden.[9] In der Automobilindustrie werden nach Angaben eines Baden-Württembergischen Automobilherstellers durch den Einsatz von RFID bis zu 15 Prozent der Logistikkosten eingespart.[10]

Wareneingangskontrollen

Unter der Wareneingangskontrolle wird vor allem im Handel die quantitative und qualitative Überprüfung der eingehenden Waren verstanden. Die quantitative Kontrolle überprüft, ob die gelieferte Menge mit der Bestellung übereinstimmt. Die qualitative Kontrolle überprüft den einwandfreien Zustand der gelieferten Ware. In

---

[7]Vgl. Franke/ Dangelmaier (2006), S. 125
[8]Vgl. Fleisch/ Mattern (2005), S. 230
[9]Vgl. Franke/ Dangelmaier (2006), S. 125
[10]Vgl. BSI, S. 80

den meisten Fällen werden Kontrollen jedoch nur stichprobenartig durchgeführt, da eine umfassende Wareneingangsprüfung den Warenfluss zu stark beeinträchtigen würde.[11] Die eindeutige Identifizierung von Waren durch den Einsatz von RFID Transpondern, ermöglicht im Wareneingang und -ausgang die mengenmäßige und qualitative Kontrolle der Lieferung. In Kapitel drei wurde bereits ein aktiver Transpondertyp angesprochen, der eine lokale Energieversorgung für zusätzliche Sensoren nutzen kann. Solche Sensoren überwachen und dokumentieren die Umweltbedingungen während des Warentransports. Sie erfassen Informationen über Temperatur, Feuchtigkeit, Erschütterungen oder hohen Druckbelastungen.[12] Die Messwerte können jederzeit durch ein eigenes Kommando des Lesegerätes ausgelesen werden. Im industriellen Anwendungsbereich ist der Einsatz von Transpondern mit Sensorfunktion überall dort denkbar, wo physikalische Größen gemessen werden sollen, ohne dabei an ein Kabel gebunden zu werden.[13]

So lässt sich die lückenlose Einhaltung der Kühlkette eines Produkts nachvollziehen. Dies liefert einen wichtigen Beitrag zur Qualitätssicherung, Produkthaftung sowie zum Verbraucherschutz. Das Unternehmen Chiquita Brands International setzt RFID Technologie in Verbindung mit Temperatursensoren zur Überwachung ihrer Warenlieferungen ein. So kann sichergestellt werden, dass die Waren in der gewünschten Qualität beim Endkunden ankommen und das Image der Marke nicht leidet. Das Unternehmen erspart sich dadurch die aufwändige manuelle Kontrolle durch das technologische Potenzial von RFID.[14] Während des Wareneingangs können die gespeicherten Daten ausgelesen und ein erstes Qualitätsurteil abgeben werden. So ist eine Bestimmung der Ursachen und Produkthaftungsansprüche für mögliche qualitative Mängel durchführbar.

Das Potenzial der RFID Technologie liegt auf der Hand. Die Notwendigkeit manueller Arbeit wird minimiert. So lassen sich hohe Lohnkosten für Mitarbeiter einsparen und Durchlaufzeiten reduzieren. Die automatische Kontrolle der Lieferung auf Vollständigkeit und Richtigkeit sowie der Abgleich mit dem IT System reduziert das Risiko von Fehllieferungen erheblich.[15] Natürlich ergeben sich

---

[11]Vgl. Sprenger/ Wecker (2006), S. 126
[12]Vgl. Mattern (2005), S. 46f
[13]Vgl. Finkenzeller (2008), S. 355
[14]Vgl. Arnold et al (2008), S. 577 ff.
[15]Vgl. Schuster/ Allen/ Brock (2007), S. 54f

je nach Beschaffenheit und Umfang der Ware Einschränkungen, die eine manuelle Kontrolle weiterhin notwendig machen. Deshalb wird auch in Zukunft eine Qualitätskontrolle notwendig sein. Durch den Einsatz von RFID wird sich jedoch der mit ihr verbundene Kontrollaufwand wesentlich reduzieren lassen.[16]

Lagerlogistik

Die Lagerlogistik beschäftigt sich mit allen Managementaufgaben zur Planung und zum Betrieb von Lagern. Ein Lager ist grundlegend betrachtet ein physischer Bereich eines Unternehmens, in dem ein Bestand an beweglichen Sachmitteln aufbewahrt wird.[17] Die Aufgabe des Lagermanagements ist es, die Versorgung nachgelagerter Supply Chain Teilnehmer durch optimierte Warenbestände sicherzustellen. Durch die fehlende Visibilität entlang der Supply Chain erhöht sich das Risiko hohe Nachfrageschwankungen zu verursachen und unnötige Sicherheitsbestände anzulegen.[18]

Durch optimiertes Lagermanagement werden Lagerbestände reduziert und die Produktverfügbarkeit erhöht, so dass Prozesse effizienter werden. Die gleichzeitige Realisierung dieser Ziele hängt direkt von der Aktualität und der Visibilität der Informationen entlang der gesamten Wertschöpfungskette ab. Durch die automatische Erfassung von Wareneingängen und -ausgängen werden Ungenauigkeiten aufgedeckt und beseitigt. RFID Lesegeräte erfassen beispielsweise den körperlich tatsächlich vorhandenen Lagerbestand. So lässt sich jederzeit eine automatische Inventur in Echtzeit durchführen.[19] Fehlbestände können auf diese Weise wesentlich schneller ausfindig gemacht und behoben werden. Die Produktverfügbarkeit wird entsprechend gesteigert. Nur wenn durch die Transparenz in der Lieferkette Probleme frühzeitig erkannt werden, können Lagerkapazitäten optimal genutzt und die Bestände verringert werden.[20]

Nach einer Studie der Unternehmensberatung Accenture wird durch den Einsatz von RFID Technologie der Lagerbestand um bis zu 30 Prozent reduziert. Die verbesserte Produktverfügbarkeit trägt zur Reduzierung der Out-of-Stock-Situationen bei und ermöglicht somit zusätzlichen Umsatz.

Der Einsatz von RFID Technologie führt ebenso zur Verschlankung

---

[16]Vgl. Sprenger/ Wecker (2006), S. 127
[17]Vgl. Franke/ Dangelmaier (2005), S. 68
[18]Vgl. Strassner/ Plenge/ Stroh (2005), S. 182
[19]Vgl. Tellkamp/ Haller (2005), S. 230
[20]Vgl. Franke/ Dangelmaier (2005), S. 157

der Prozesse. Zeit- und arbeitsaufwändige Inventuren werden innerhalb von Minuten automatisiert durchgeführt. Die Neustrukturierung der Geschäftsprozesse durch die RFID Unterstützung führt zu einer Beschleunigung der Durchlaufzeit und zu einer besseren Auslastung des Personals.

Ein sehr passendes Beispiel des optimierten Lagermanagements bietet der Automobilhersteller Ford. Von den Produktionsbändern des Kölner Werkes laufen bereits vor der Markteinführung eine Vielzahl von Neuwagen, um die Händler rechtzeitig beliefern zu können. Dabei werden die Neuwagen auf großen Stellflächen, sogenannten Arealen, bis zur endgültigen Verladung abgestellt. In den vergangenen Jahren führte dies zu extrem chaotischen Fahrzeughaltungen. Die RFID Technologie stellt für die Automobilindustrie eine wichtige Schlüsseltechnologie dar. Die Technologie wird vor allem dort gewinnbringend eingesetzt, wo die Potenziale des Transponders mehrmals entlang der Wertschöpfungskette genutzt werden können. Hinsichtlich des Lagermanagements sieht Ford vor allem die Stärken in der Reduktion von Prozesskosten, der schnellen Lokalisierung und der Identifikation von Erzeugnissen.[21]

Während der Produktion werden alle fahrzeugspezifischen Daten über Barcodes eingelesen und in der Unternehmenssoftware gespeichert. Unmittelbar vor Produktionsende werden die Fahrzeuge mit einem passiven Transponder ausgestattet, auf dem alle zuvor gespeicherten Informationen abgelegt werden. Die Fahrzeuge werden bei der Einfahrt zu den Arealen durch ein RFID Lesegerät erfasst. Zur genauen Erfassung der Parkposition wird ein RFID Handheld genutzt. Ein Mitarbeiter geht die Fahrzeugreihen in geringem Abstand zu den Transpondern ab und verknüpft die Fahrzeugidentifikationsnummer mit der exakten GPS Position.[22]

Bisher war es nicht möglich innerhalb kurzer Zeit ein gesuchtes Fahrzeug ausfindig zu machen. Multipliziert man den Zeitaufwand, den Jahresdurchsatz und die Häufigkeit der Fahrzeugsuche, entsteht ein extrem hoher kumulierter und vor allem unnötig teurer Zeitaufwand. Daran ist erkennbar welche enormen Einsparungspotenziale allein durch eine automatische Identifikation eines Lagerplatzes entstehen.

Die Transponder verbleiben bis zur Auslieferung an den Endkunden am Fahrzeug und können auch in den nachfolgenden Prozessen zur

[21]Vgl. Koyuncu/ Grauer (2008), S. 24
[22]Vgl. Koyuncu/ Grauer (2008), S. 25

Fahrzeugidentifikation und Prozessoptimierung eingesetzt werden.
Das vorliegende Beispiel zeigt, dass der Einsatz von RFID Technologie in der Praxis zunehmend Anwendung findet und vielfälti-
ge Potenziale für alle Beteiligten der Wertschöpfungskette bietet.
RFID Technologie leistet in vielen Unternehmensbereichen einen
wesentlichen Beitrag zur Kooperation.[23]

4.1.3 Produktion

Unter dem Begriff Produktion versteht man allgemeingültig einen
Wertschöpfungsprozess, in dem aus einfachen oder komplexen In-
putgütern höherwertigere Outputgüter erzeugt werden. Nicht alle
Teilprozesse der Wertschöpfung werden an einem Ort ausgeführt.
So entwickelt sich die Wertschöpfungskette zu einer internationalen
Arbeitsteilung.[24] Es ist deshalb nicht verwunderlich, dass insbesondere im Produktionssektor die Automatisierung durch den Einsatz
der RFID Technologie ein enormes Optimierungspotential mit sich
bringt.

Produktionsplanung und -steuerung

Durch die stetig steigende weltweite Konkurrenz und den damit
verbundenen Kostendruck, müssen bestehende Produktionsprozesse ständig überdacht und auf ein mögliches Optimierungspotenzial geprüft werden. Durch den Einsatz von RFID Technologie können Produktionsstraßen nahezu vollautomatisiert werden. Zusätzlich senkt ein hoher Automatisierungsgrad das Fehlerrisiko und steigert die Effizienz.[25] RFID Transponder werden bereits während der
Produktion an bereits halbfertigen Produkten angebracht. Der wesentliche Vorteil von RFID gegenüber dem Barcodeverfahren ist,
dass Lese- und Schreibzugriffe auch ohne Sichtkontakt möglich sind.
Transponder können demzufolge in die Waren eingearbeitet werden
und sind besonders gegen äußere Einflüsse wie Schmutz, Feuchtigkeit und hohe Temperaturschwankungen geschützt.[26]
Die stark automatisierte Herstellung von Massenwaren verfügt nur
bedingt über Optimierungspotenziale. Wesentlich stärker wirkt sich
der Einsatz von RFID Technologie auf Produktionsprozesse aus, die
durch viele manuelle Schritte gekennzeichnet sind.

---

[23]Vgl. Koyuncu/ Grauer (2008), S. 26
[24]Vgl. Günther/ Tempelmeier (2005), S. 2
[25]Vgl. Klaas (2008), S. 175
[26]Vgl. Franke/ Dangelmaier (2006), S. 9

Automobile sind in der heutigen Zeit fast ausschließlich Einzelan-
fertigungen auf Kundenwunsch. Die hohe Variantenvielfalt stellt
zusätzlich besonders hohe Anforderungen an das Produktionsma-
nagement. Strenge Qualitätskontrollen stellen sicher, dass die Fahrzeuge entsprechend ihrer Bestellung zusammengebaut werden.[27]
Der Automobilkonzern BMW setzt die Funktechnologie in vielen
unterschiedlichen Bereichen ein. Die Mitarbeiter in der Produktion kombinieren täglich unzählige Bauteile und Arbeitsschritte. Der
Großteil der Komponenten stammt dabei von externen Zulieferanten eines riesigen Liefernetzwerks. BMW setzt seit 2005 ein voll-
automatisches und berührungsloses RFID System der Firma Siemens ein. In der Fahrzeugproduktion werden die Karosserieträger
identifiziert und lokalisiert. Der Materialfluss bei der Montage von
Vorder- und Hinterachsen wird ebenfalls durch die RFID Technologie unterstützt. Alle Informationen werden über einen zentralen
Produktionsleitrechner gesteuert. Dieser leitet die Informationen an
etwa 80 Arbeitsplätze der Vor- und Hauptmontage. [28] So kann der
Produktionsprozess in Echtzeit verfolgt und wenn nötig, angepasst
werden. Durch die transparente Informationsversorgung ist die Produktionsplanung und -steuerung in der Lage, Flaschenhälse zu erkennen und Kapazitäten frühzeitig anzupassen.
Bisher wurde die RFID Technologie nur in wenigen Fällen für die
automatische Identifikation von Einzelteilen eingesetzt. BMW nutzt
die Funktechnologie zur Identifikation von Kabelbäumen.[29] Ein falsch
montierter Kabelbaum kann so hohe Kosten verursachen, dass ein
gesamtes Fahrzeug verschrottet werden muss. Deshalb werden die
Kabelbäume in Säcken angeliefert, in denen Transponder eingenäht
sind. Der Lieferant speichert auf ihm alle erforderlichen Daten zur
eindeutigen Identifizierung. Die eindeutige, so genannte Ordernum-
mer wird zu Beginn der Montagelinie mit den Daten im Leitrechner
abgeglichen.[30]
BMW profitiert durch den Einsatz der RFID Technologie insbesondere durch die hohe Transparenz und Standardisierung der Prozesse. Zusätzlich unterstützt die Funktechnologie sehr deutlich die Feh-
lerreduzierung durch die automatische Erkennung und Erfassung.
Nach Angaben des Automobilherstellers hat sich die Installation
der RFID Anlagen bereits nach 2 Jahren amortisiert.

---

[27]Vgl. Strassner/ Plenge/ Stroh (2005), S. 185
[28]Vgl. Klaas (2008), S. 176
[29]Vgl. Strassner/ Plenge/ Stroh (2005), S. 186
[30]Vgl. Klaas (2008), S. 176

Überwachung und Wartung von Betriebsmitteln

Die Überwachung und Wartung von Betriebsmitteln, wie beispielsweise den Maschinen, spielt eine äußerst wichtige Rolle in Produktionsbetrieben. Die Zuverlässigkeit der Produktionsanlagen beeinflusst wesentlich die Leistungsfähigkeit und Planbarkeit aller Unternehmensprozesse.

Deshalb ist es besonders wichtig genaue Wartungszyklen einzuplanen und diese einzuhalten. Wichtige Maschineninformationen sind häufig nur unzureichend in den betrieblichen Unterlagen vorhanden. Sie werden von den Herstellern auf Typenschildern an der Maschine angebracht, die durch Schmutz, Öl oder andere Umwelteinflüsse nach einiger Zeit unlesbar werden. Durch den Einsatz der RFID Technologie können diese Informationen zum jeweiligen Betriebsmittel auf einem Transponder gespeichert werden. Die Transponder sind praktisch in der Lage die gesamte Lebenslaufakte der Maschine zu speichern. Die Daten sind in diesem Fall sowohl an der Maschine, als auch im IT System des Produktionsunternehmens jederzeit verfügbar.[31]

Nicht selten werden teuere Maschinen in Unternehmen nicht gekauft, sondern geleast. Leasingverträge beinhalten genaue Vereinbarungen über den Nutzungsumfang der Maschine. Bisher konnte die tatsächliche Verwendung der Maschinen nur sehr aufwändig und lückenhaft überprüft werden. Durch den Einsatz der RFID Technologie können mit Sensoren ausgestattete RFID Transponder die Nutzung der Maschinen detailliert dokumentieren. So wird beispielsweise überprüft, ob alle Wartungsintervalle eingehalten werden. Im Schadensfall kann auf diese Weise besser der Verursacher festgestellt werden.[32]

Zusätzlich unterstützen RFID Transponder die Mitarbeiter bei Instandhaltungsmaßnahmen. Die Unterbrechung der Produktionsabläufe ist mit hohen Kosten verbunden. Wie so oft kommt es nach dem Sprichwort: „Never touch a running system!" bei der Inbetriebnahme von Produktionsanlagen nach der Wartung zu aufwändigen Einstellarbeiten und erhöhten Durchlaufzeiten. Ohne regelmäßige Instandhaltungsmaßnahmen sind Maschinen jedoch nicht in der Lage, die von ihnen erwartete Zuverlässigkeit zu bieten. Das Ziel ist demzufolge, die Wartung so kurz und effizient wie möglich zu gestalten. Durch den Einsatz von RFID Transpondern können

---

[31]Vgl. Franke/ Dangelmaier (2005), S. 110
[32]Vgl. Franke/ Dangelmaier (2005), S. 110

alle notwendigen Aktivitäten aufgelistet und in Form eines Wartungshandbuches am Gerät hinterlegt werden.[33] Die Informationen ruft der Mitarbeiter beispielsweise an einem Industrie PC in der Werkshalle oder über ein mobiles Handheld ab. Sobald die Wartung erfolgreich durchgeführt wurde, speichert der Mitarbeiter die durchgeführte Instandhaltung in der Lebenslaufakte der Maschine. So lässt sich später nachvollziehen wer die Wartung durchgeführt hat.[34]

Durch den Einsatz von RFID Technologie in der Wartung und Instandhaltung von Maschinen wird die Sicherheit erhöht. Zusätzlich werden Ausfallzeiten reduziert, welches zur Effizienzsteigerung der Maschine beiträgt.

Qualitätsmanagement

Unternehmen die dauerhaft am Markt konkurrenzfähig bleiben wollen, sind dazu gezwungen die Qualität ihrer Waren genau zu überwachen. Vor allem komplexe und hochwertige Produkte, wie beispielsweise Automobile, müssen intensiven Qualitätskontrollen unterzogen werden. Häufig sind Kontrollen während der Produktion nur schwer umsetzbar, da die Effizienz der Produktionsanlagen stark unter den Kontrollarbeiten leiden würde.[35]

Mit Hilfe der RFID Technologie könnten bereits während der Produktion Qualitätskontrollen durchgeführt werden. Der angebrachte Transponder begleitet und protokolliert die Produktion entlang aller Fertigungsprozesse. Durch die Echtzeiterfassung kann wesentlich schneller auf Qualitätsabweichungen oder Fehler in der Produktion reagiert werden. Prüfprotokolle können jederzeit abgerufen und ausgewertet werden. Sind alle Qualitätskontrollen erfolgreich ausgeführt worden, kann das Produkt zur Auslieferung freigegeben werden.[36]

Einige Produktgruppen erfordern eine manuelle Kontrolle. In diesen Fällen muss sichergestellt werden, dass das Ergebnis der Qualitätskontrolle nicht durch den Mitarbeiter manipuliert werden kann. Durch die Transpondertechnologie wird genau dokumentiert, welcher Mitarbeiter die Kontrollen durchgeführt hat. Dies erhöht wesentlich die Hemmschwelle, Veränderungen an den Prüfprotokollen vorzunehmen.

---

[33]Vgl. Strassner/ Lampe/ Leutbecher (2005), S. 267
[34]Vgl. Franke/ Dangelmaier (2005), S. 111
[35]Vgl. Franke/ Dangelmaier (2005), S. 116
[36]Vgl. Franke/ Dangelmaier (2005), S. 116

Behältermanagement

Das Management von wiederverwendbaren Behältern ist für viele Unternehmen mit großem Aufwand verbunden. Häufig haben Unternehmen aufgrund ihres schlechten Behältermanagements eine viel zu Große Anzahl an Ladungsträgern, Behältern und Paletten. Häufig können Produkte nicht mit Standardpaletten oder -gefäßen transportiert werden. Insbesondere Gefahrenstoffe müssen in Spezialbehältern gelagert werden. In Verbindung mit Gasen, Säuren und Chemikalien ist höchste Vorsicht geboten.[37]

Die Verfügbarkeit der Spezialbehälter stellt in diesen Branchen die Grundvoraussetzung für eine optimale Versorgung entlang der Supply Chain dar. Um die Verfügbarkeit der Ladungsträger sicherzustellen, halten viele Unternehmen große Sicherheitsbestände vor, anstatt die Verfügbarkeit durch ein Behältermanagementsystem zu optimieren.[38] Das Behältermanagement wurde in der Vergangenheit häufig vernachlässigt. Deshalb kommt es im Bereich des so genannten Behälter-Tracking zu einem besonders hohen Optimierungspotenzial durch den Einsatz von RFID Technologie. Das Behältermanagement soll einerseits sicherstellen, dass Ladungsträger jederzeit zur Verfügung stehen, zum Anderen soll der Bestand an Spezialbehältern auf das Nötigste reduziert werden.

Durch den Einsatz von RFID Technologie können Behälterbewegungen in Echtzeit dokumentiert werden. So lassen sich Verzögerungen feststellen und Leerstandzeiten reduzieren. Die detaillierte Überwachung der Ladungsträger ermöglicht es dem Unternehmen, den genauen Bedarf an Behältern zu bestimmen und kostenintensive Überbestände abzubauen.[39]

RFID Transponder können Behälter eindeutig identifizieren. Die maschinenlesbare Kennzeichnung bedeutet eine zusätzliche Sicherheit. Neben dem Inhalt und der Behälternummer können auch weitere Informationen über den Eigentümer, das Datum der letzten technischen Überprüfung und andere Analysedaten hinterlegt und jederzeit abgerufen werden.[40]

Durch den Einsatz von RFID Technologie wird die Visibilität deutlich erhöht. Unternehmen sind in der Lage die Verfügbarkeit von Behältern in Echtzeit zu überprüfen und zu steuern.

---

[37]Vgl. Finkenzeller (2008), S. 459

[38]Vgl. Strassner/ Plenge/ Stroh (2005), S. 189

[39]Vgl. Strassner/ Plenge/ Stroh (2005), S. 190

[40]Vgl. Finkenzeller (2008), S. 459

Der Automobilhersteller Volkswagen gibt an, durch den Einsatz des RFID gestützten Behälter-Trackings folgende Effizienzsteigerungen erzielt zu haben:

- Umlaufzeiten um fünf Prozent reduziert

- Ladungsträgerverluste um drei Prozent reduziert

- Suchaufwand um 75 Prozent reduziert

- Maschinenstillstände um 35 Prozent reduziert

Abbildung 4.1 zeigt beispielhaft den Einsatz der RFID Technologie im Containerkreislauf zwischen einem Zulieferanten der Automobilbranche und dem Automobilhersteller. Das Tracking der Container ermöglicht die Verbesserung der Prozesseffizienz und -qualität. Entlang aller Stationen befinden sich RFID Lesegeräte, die den

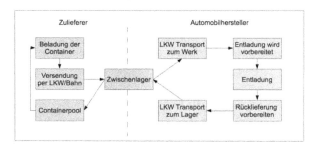

Abbildung 4.1: RFID gestützter Containerkreislauf - Eigene Darstellung in Anlehnung an Strassner und Eisen (2005), S. 213

Status des Containers an das Behältermanagementsystem weitergeben. So stehen alle Informationen in Echtzeit entlang der gesamten Supply Chain transparent zur Verfügung.

Das systematische Management von Ladungsträgern leistet einen wesentlichen Beitrag zur Effizienzsteigerung. Die gewonnen Informationen tragen wesentlich zur Verbesserung der Prozessauslastung, Reduzierung von Umlaufzeit und zur Erhöhung der Verfügbarkeit von Transportbehältern entlang der Wertschöpfungskette bei.[41]

---

[41]Vgl. Strassner/ Eisen (2005), S. 209

4.1.4 Warenlieferung

Der Prozess der Warenlieferung wurde bereits in Kapitel 2, im Zusammenhang mit dem SCOR Modell des Supply Chain Managements betrachtet. Lieferprozesse beinhalten alle notwendigen Aktivitäten eines Kundenauftrags, um den Warenfluss zwischen den Teilnehmern der Supply Chain, vom Fertigungsstandort zum Lager des Kunden, sicherzustellen. Die folgenden Ausführungen beschäftigen sich insbesondere mit der vorbereitenden Kommissionierung von Kundenaufträgen, dem tatsächlichen Warentransport zum Kunden sowie möglichen Rücklieferungen von Waren.

Kommissionierung

Der Prozess der Kommissionierung bezeichnet die Zusammenstellung verschiedener Artikel des Lagers, anhand einer vorgegebenen Kundenbestellung. Die Kommissionierung kann je nach Größe und Automatisierungsgrad des Unternehmens manuell oder automatisch durchgeführt werden. Aufgrund der unterschiedlichen Anforderungen haben sich in den spezifischen Branchen verschiedene Verfahren durchgesetzt, um die Kommissionierung so effizient wie möglich zu gestalten.[42]

In großen Distributions- und Verteilungszentren werden automatisierte Förderanlagen für die Kommissionierung von Warensendungen eingesetzt.[43] Bei der automatisierten Kommissionierung trägt der Einsatz von RFID Technologie dazu bei, bereits während der Zusammenstellung von Lieferungen einen automatischen Abgleich mit der Bestellung vorzunehmen. Die Artikel werden mit Hilfe von Förderbändern an den Lesegeräten vorbeigeführt. Die automatisch registrierten Artikel werden der Warenlieferung eindeutig zugeordnet und in Echtzeit mit der Bestellung abgeglichen. So kann automatisiert sichergestellt werden, dass die Warenlieferung richtig und mengenmäßig vollständig ist. Dies ist insbesondere dann von Vorteil, wenn eine hohe Anzahl an Produkten und Produktvarianten angeboten wird. Durch eine hohe Komplexität steigt die Fehlerhäufigkeit stark an, was zu starken Effizienzeinbußen führt.[44]

Durch den Einsatz der Transpondertechnologie kann die Güte und Genauigkeit der Kommissionierungsvorgänge gesteigert werden. Warenlieferungen werden automatisch erkannt und können teilweise in-

---

[42]Vgl. Pepels (2001), S. 268f

[43]Vgl. Franke/ Dangelmaier (2005), S. 131

[44]Vgl. Strassner/ Plenge/ Stroh (2005), S. 187

nerhalb weniger Sekunden für den Transport freigegeben werden.[45] Durch die Automatisierung werden manuelle und somit kostenintensive Nachfassarbeiten vermieden. Dies steigert die Effizienz der Prozesse, erhöht den Gewinn und reduziert die Logistikkosten für das Unternehmen.

Der Logistikdienstleister Logwin liefert jährlich mehr als 5 Millionen Autoreifen an Kunden in Österreich. Das wohl größte Reifenlogistikzentrum Österreichs verfügt über eine Kapazität von 750.000 Autoreifen. Seit einigen Jahren werden zusätzlich zu den Autoreifen auch Komplettradsätze angeboten, die in einem Logistikzentrum südlich von Wien montiert werden. Die Logistikprozesse sind straff geplant und erlauben keine Standzeiten. Problematisch ist deshalb vor allem die Ähnlichkeit der Produkte. Sie führt zu einer hohen Fehlerquote bei der Kommissionierung. Um diese Fehlerquelle künftig zu reduzieren, bestand dringender Handlungsbedarf.

Da die Reifen bei der Montage eingefettet werden müssen, ist die Verwendung von selbstklebenden Barcodeetiketten nicht möglich. Logwin hat sich deshalb für die RFID Transponder Technologie zur Identifizierung entschieden. Die Widerstandsfähigkeit gegen Schmutz und andere äußere Einflüsse ist ein zusätzlicher Vorteil. Nach der Montage erhält jedes Komplettrad eine eindeutige Identifikationsnummer. Seit der Einführung von RFID werden nach Angaben des Warehousing Leiters bei der Kommissionierung erfolgreiche Leseraten von 100 Prozent erreicht.

Logwin nennt vor allem die lückenlose Transparenz der Supply Chain bis zum Kunden als starke Verbesserung. Zusätzlich sind durch die Einführung der RFID Technologie viele manuelle Schritte, wie das Einscannen von Etiketten, entfallen. [46]

Warentransportlogistik

Das Kapitel 2 der vorliegenden Arbeit beschäftigte sich intensiv mit dem Supply Chain Management. Dabei wurde festgehalten, dass das Supply Chain Management eine moderne Konzeption für Unternehmensnetzwerke darstellt. Das Kernstück des Supply Chain Managements ist die Erschließung unternehmensübergreifender Erfolgspotenziale, durch die Entwicklung, Gestaltung und Lenkung von Güter-, Informations- und Finanzflüssen.[47] Angesichts dieser

---

[45]Vgl. Franke/ Dangelmaier (2005), S. 131
[46]Logistik heute (04/2009), S. 40
[47]Vgl. Busch/ Dangelmaier (2004), S. 32

Definition wird deutlich, dass der Transportlogistik eine besondere Aufmerksamkeit zukommt.

Die Aufgabe der Transportlogistik liegt insbesondere in der Verteilung und Bereitstellung von Gütern zu geringstmöglichen Kosten. Dabei werden neben innerbetrieblichen Warenbewegungen vor allem räumliche Distanzen zwischen den beteiligten Unternehmen der Supply Chain überwunden.[48]

In der Vergangenheit bestand beim Warentransport die größte Informationslücke bei der Auswertung von Daten. Aufgrund der steigenden Kunden- und Qualitätsansprüche war eine Veränderung der Warentransportprozesse unvermeidbar. Insbesondere die lückenlose Überwachung von Kühlketten und verschärfte gesetzliche Vorgaben erhöhten den Anspruch vieler Supply Chain Teilnehmer.[49]

Häufig werden Lieferprozesse nicht in einem Schritt zwischen Zulieferant und Kunden abgewickelt. Durch Kooperationsmodelle, wie beispielsweise das Cross Docking in der Handelsbranche oder Zollabfertigungen bei Grenzüberschreitungen, kommt es häufig zu Unterbrechungen der Transportprozesse. Durch den Einsatz von RFID Technologie wird insbesondere die Visibilität der Transportlogistik unterstützt. Die Transpondertechnologie ermöglicht es, automatisiert und engmaschig eine Überwachung der Transportprozesse durchzuführen. Viele Anbieter von RFID Systemen haben sich auf die Entwicklung von Sensoren spezialisiert. Sensoren ermöglichen es, ein Produkt von der Herstellung, über den Transport, bis zum Verbraucher zu begleiten und wichtige Informationen zu dokumentieren.[50] An Umschlags- und Endpunkten der Lieferkette werden die aufgezeichneten Sensordaten über Lesegeräte in das IT-System übertragen.[51] So sind Unternehmen beispielsweise entlang der Supply Chain in der Lage die Verantwortungsbereiche abzugrenzen. Sofern Transportschäden auftreten kann gezielt festgestellt werden wer für die Fehlerbehebung verantwortlich ist.[52] Auf diese Weise ist die Transpondertechnologie in der Lage zur Qualitätssicherung beizutragen und die Transparenz während des Transports zu erhöhen. Wie wichtig es ist die Transparenz während des Lieferprozesses sicherzustellen, musste das US Militär im zweiten Golfkrieg, Operation Desert Storm, erfahren. Zu dieser Zeit führte man noch Pa-

---

[48]Vgl. Martin (2006), S. 94
[49]Vgl. Krüger/ Böckle (2007), S. 274
[50]Vgl. Weigert (2006), S. 33
[51]Vgl. Krüger/ Böckle (2007), S. 278
[52]Vgl. Krüger/ Böckle (2007), S. 277

pierlisten, um Containerinhalte zu dokumentieren. Häufig stimmten die Frachtlisten nicht mit den tatsächlichen Inhalten überein. So mussten die Container nach ihrer Ankunft in den Häfen erst mühsam geöffnet und inspiziert werden, um einen Überblick über deren Inhalt zu erhalten. Häufig wurde Material und Munition einfach nachgeordert, weil der Suchaufwand viel zu hoch gewesen wäre.[53] Am Ende des Krieges musste das US Militär allein 250.000 Tonnen Munition zurück in die Vereinigten Staaten schicken.

Um der unüberschaubaren Masse an Material Herr zu werden, wurden zum Ende des zweiten Golfkriegs erstmalig aktive RFID Transponder eingesetzt. Testreihen wurden seitens der US Army Strategic Logistics Agency mit ausgezeichneten Ergebnissen durchgeführt. Analysten berechneten, dass durch den Einsatz von RFID Technologie im zweiten Golfkrieg bis zu 2 Milliarden US Dollar an Logistikkosten einsparbar gewesen wären. Nach einigen Startschwierigkeiten wurde 12 Jahre nach der Operation Desert Storm ein globales RFID Kommunikationssystem installiert, welches in der Lage war Container und Paletten des US Militärs weltweit zu verfolgen.[54]

Rückruf und Rücklieferung

Wie bereits im vorangegangenen Abschnitt beschrieben, ermöglicht die RFID Technologie das kontinuierliche Dokumentieren sämtlicher Produktlebensphasen. Werden Kühlketten unterbrochen oder treten unbemerkte Produktionsfehler auf, sind die Hersteller häufig dazu gezwungen eine Rückrufaktion in die Wege zu leiten. Durch den Einsatz von RFID Technologie sollen die ohnehin zusätzlichen Logistikkosten weiter reduziert werden, indem Rückrufprozesse so automatisiert wie möglich ablaufen.

Besonders teuer wird es für Hersteller, wenn sie gezwungen sind eine öffentliche Rückrufaktion durchzuführen. Insbesondere bei sicherheitsrelevanten Bauteilen der Automobilindustrie kommt es häufiger vor, dass aufgrund nur weniger fehlerhafter Teile eine ganze Produktserie zurückgerufen werden muss.[55]

Zunehmend beginnen Hersteller damit, Transponder in sicherheitsrelevanten und hochwertigen Fahrzeugbauteilen einzubauen. Neben dem Anspruch die Sicherheit für den Kunden zu erhöhen, reduzieren die Unternehmen ebenfalls die Kosten für eventuelle Nacharbeiten.

---

[53]Vgl. Rosol (2007), S. 26
[54]Vgl. Rosol (2007), S. 27
[55]Vgl. Strassner/ Plenge/ Stroh (2005), S. 187

Sofern bereits bei der Produktion bekannt ist welche Teile in einem Fahrzeug verbaut wurden, können Rückrufaktionen gezielter, kostengünstiger und vor allem mit einem geringeren Imageschaden für das Unternehmen durchgeführt werden.

Die Transponderanzahl wird sich in Fahrzeugen der Automobilindustrie kontinuierlich erhöhen, da gestiegene Gewährleistungskosten einen immer größeren Einfluss auf die Bilanz der Automobilhersteller haben.[56] Die Anzahl der Rückrufe in der Automobilindustrie ist in den vergangenen Jahren stetig angestiegen. Der Rückruf und die Rücklieferung ist deshalb immer stärker in den Fokus der Unternehmen gerückt.[57]

Der Automobilhersteller Toyota machte zuletzt im Januar 2010 auf sich aufmerksam. Nach einem tödlichen Unfall steht der japanische Autohersteller vor der größten Rückrufaktion seiner Unternehmensgeschichte. Allein in den USA will der Konzern ca. 3,8 Millionen Fahrzeuge aufgrund eines fehlerhaft montierten Gaspedals in die Werkstätten rufen.

Nicht zuletzt durch Gesetze sind die Hersteller in der Pflicht, auch nach dem Verkauf ihrer Produkte für eventuelle Produktschäden die Haftung zu übernehmen. Der Einsatz der RFID Technologie unterstützt die Unternehmen insbesondere durch die Verfügbarkeit von Herstellungsdaten, Produktinformationen und möglicherweise auch Recyclingvorschriften. Schon heute sind Hersteller in der Automobilindustrie dazu verpflichtet, Fahrzeuge zu 85 Prozent aus recyclebaren Materialien herzustellen.[58]

4.2 Betriebswirtschaftliches Potenzial durch den Einsatz von RFID Technologie

Die RFID Technologie stellt erstmalig eine Basistechnologie zur Realisierung sogenannter smarter Dinge im Masseneinsatz dar. Der betriebswirtschaftliche Nutzen durch den Einsatz der kontaktlosen Identifikation liegt im Wesentlichen in der Effizienzsteigerung von Prozessen. Insbesondere die Eliminierung von manuellen Identifikations- und Messvorgängen führt zu kürzeren Transport- und Umschlagzeiten.[59]

---

[56]Vgl. Franke/ Dangelmaier (2005), S. 95f
[57]Strassner/ Plenge/ Stroh (2005), S. 188
[58]Strassner/Plenge/Stroh (2005), S. 189
[59]Weigert (2006), S. 5

4.2.1 Effizienzsteigerung der Prozesse entlang der Supply Chain

Bereits heute setzen viele Industrie- und Handelszweige auf RFID als Technologie für die Zukunft. Durch RFID sind Unternehmen in der Lage ihre Geschäftsprozesse zu optimieren und Prozesskosten zu senken.[60] Ein wesentlicher Nutzen liegt, wie das vorliegende Kapitel beschreibt, in der Automatisierung von manuellen Prozessen. Durch die zunehmende Automatisierung kann der manuelle Arbeitsaufwand, die Fehleranfälligkeit sowie die lückenhafte Informationsversorgung reduziert werden.[61]

Die derzeit eingesetzten Produktionsplanungs- und steuerungssoftwares sind ausgesprochen leistungsfähig. In den meisten Fällen scheitert der erfolgreiche Einsatz dieser Systeme an der zu geringen Visibilität entlang der Supply Chain.[62]

Durch den Einsatz von RFID Technologie ergibt sich neben der Unterstützung von Prozessen auch die Möglichkeit, Prozesse nachträglich und detailiert anhand von Echtzeitdaten zu simulieren. Mögliche Optimierungspotenziale können dadurch in den Unternehmensprozessen leichter ausfindig gemacht werden.

Durch die Optimierung der Prozessqualität entlang der Supply Chain werden Out-of-Stock Situationen vermieden.[63] Diese wirken sich besonders negativ auf den Wertschöpfungsprozess aus. Fehlende Rohstoffe können die gesamte Produktion unterbrechen, weshalb Unternehmen wieder auf Sicherheitsbestände setzen und somit einen Peitscheneffekt auslösen. Aufgrund dieses Fehlverhaltens entstehen zusätzliche Kosten, die durch den Einsatz von RFID Technologie zur Transparenzsteigerung entlang der gesamten Wertschöpfungskette vermeidbar wären.[64]

Wie so oft hängt der Optimierungsgrad der Prozesse von vielen individuellen Einflussgrößen ab. In Unternehmen, in denen bereits Barcode- Systeme oder andere automatische Lagersysteme die Unternehmenslogistik unterstützen, kann durch die RFID Technologie nur eine geringe Verbesserung der Prozesseffizienz erreicht werden.[65]

---

[60]Informationsforum RFID e.V. (2007), S. 5
[61]Strassner (2005), S. 112
[62]Strassner (2005), S. 112
[63]Franke/ Dangelmaier (2005), S. 102f
[64]Montanus (2004), S. 35
[65]Strassner (2005), S. 112

4.2.2 Business Process Reengineering

Automatische Identifikationsverfahren wurden bisher im vor allem zum Zweck der Automatisierung von manuellen Prozessen eingesetzt. Durch die Entwicklung von sogenannten Smarten Dingen, durch den Einsatz von RFID, erweitert sich das Anwendungsspektrum deutlich.

Die durch die RFID Technologie prognostizierten Optimierungspotenziale lassen sich insbesondere durch eine Neustrukturierung im Sinne eines Business Process Reengineering durchsetzen. Prozessabläufe müssen geändert und in der Unternehmenssoftware abgebildet werden, um bestmögliche Unterstützung durch den technologischen Fortschritt zu erlangen.[66] Die RFID Technologie fungiert in diesem Zusammenhang als Enabler für die Neustrukturierung und Überarbeitung von Geschäftsprozessen.

Ein anschauliches Beispiel für die Überarbeitung von Geschäftsprozessen findet sich in der Lagerhaltung. In manuell geführten Warenlagern muss genau auf die Einhaltung von Palettenstellplätzen geachtet werden. Falsch abgestellte Paletten sind nur mit sehr großem manuellen Suchaufwand auffindbar. Durch die automatische Identifikation von Produkten mit Hilfe der RFID Technologie ist eine chaotische Lagerhaltung möglich. Mit Hilfe der Transponder können einzelne Produkte eindeutig identifiziert und schneller gefunden werden. Selbst gemischt zusammengestellte Paletten können eingelagert und in Echtzeit ausfindig gemacht werden.[67] Durch die Einführung der RFID Technologie können aufwändige Einlagerungsstrategien abgelöst werden. Dies erfordert insbesondere von den Mitarbeitern des Unternehmensbereichs ein Umdenken. Die Lagerhaltungsprozesse im vorliegenden Beispiel müssen vollständig überarbeitet und auf die Potenziale der eingesetzten Technologie ausgerichtet werden.

4.2.3 Von der Supply Chain zum Supply Net

Das Supply Chain Management steht heute insbesondere vor der Herausforderung die globalen Ausmaße der Wertschöpfungskette zu synchronisieren.[68]

Viele Unternehmen verwenden RFID als eine lokale Insellösung zur Kennzeichnung ihrer Produkte. Obwohl der RFID Technolo-

---

[66]Montanus (2004), S. 35
[67]Franke/ Dangelmaier (2005); S. 129
[68]Gillert/ Hansen (2007), S. 46

gie ein sehr großes Potenzial für die Optimierung der bestehenden Geschäftsprozesse zugesagt wird, scheut sich ein Großteil der Unternehmen davor, RFID Lösungen in offenen Wirtschaftskreisläufen (Open-Loop) einzusetzen. Im Gegensatz zu geschlossenen Wirtschaftskreisläufen (Closed-Loop), die beispielsweise Ladungsträger innerhalb eines Kreislaufs ständig wieder benutzen, können die Transponder beim Open-Loop-Einsatz nur ein einziges Mal genutzt werden. Sie werden mit dem Produkt an den nächsten Supply Chain Teilnehmer weitergegeben.[69]

Der eigentliche Nutzen moderner Identifikationstechnologien entsteht jedoch erst mit der Supply Chain übergreifenden Nutzung im Open-Loop-Einsatz. Genau betrachtet erwirbt ein Unternehmen durch die Einführung von RFID in erster Linie den Zugang zu einem Unternehmensnetzwerk. Die Technologie lässt das Unternehmen an Synergieeffekten teilhaben. Das Effizienzoptimum ist dann erreicht, wenn alle Unternehmen entlang der Supply Chain die gleiche Auto ID Infrastruktur einsetzen. Auf diese Weise können Medienbrüche vermieden und Kosten eingespart werden.[70] Unternehmen müssen im Zuge der globalen Vernetzung lernen, den gemeinsamen Nutzen aller Supply Chain Teilnehmer über den eigenen Nutzen des Unternehmens zu stellen. Nur dann kann die RFID Technologie ihr Potenzial voll ausschöpfen und gewinnbringender eingesetzt werden.

---

[69]Abramovici/ Bellalouna/ Flohr (2009), S. 200 ff.
[70]Strassner (2005), S. 122

Kapitel 5

Unterstützende und erschwerende Faktoren eines erfolgreichen RFID Einsatzes entlang der Supply Chain

In den vorangehenden Kapiteln beschäftigte sich die vorliegende Arbeit insbesondere mit den eigenen technischen Potenzialen der RFID Technologie, um Prozesse effizienter, transparenter und folglich kostengünstiger zu gestalten. Zu Beginn der Arbeit wurde festgestellt, dass Unternehmen insbesondere durch äußere Einflüsse, wie beispielsweise die Globalisierung, die gestiegenen Wettbewerbsanforderungen und kürzere Produktlebenszyklen dazu gezwungen sind, ihre Prozesse ständig zu überarbeiten. Um langfristig am Markt konkurrenzfähig zu bleiben, müssen sich Unternehmen intensiv mit externen Einflussfaktoren beschäftigen und ihre Prozesse entsprechend anpassen.[1] Das folgende Kapitel betrachtet deshalb genauer, welche Einflüsse sich unterstützend oder erschwerend auf die Einführung der RFID Technologie im Unternehmen auswirken.

5.1 Unterstützende Faktoren auf die RFID Technologie

Kosten senken und Marktanteile sichern, heißt es für viele Unternehmen seit Beginn der weltweiten Wirtschaftskrise. Prozesse müssen schlanker, transparenter und schneller werden, um weiterhin konkurrenzfähig zu bleiben. Es ist Zeit geworden umzudenken und

---

[1]Dittmann (2006), S. 2

alte, gewachsene Strukturen hinter sich zu lassen. Die Aufmerksamkeit der Strategen richtet sich deshalb sehr stark auf das Management von internen und unternehmensübergreifenden Prozessen. Moderne Kooperationsmodelle, wie das Just-in-Time Verfahren, zwingen Unternehmen entlang der Wertschöpfungskette dazu, in die Automatisierung ihrer Prozesse zu investieren.

Die zunehmende Verflechtung der globalen Märkte fördert die Einführung von RFID Systemen. Die Technologie unterstützt das Unternehmen dabei, Wettbewerbsvorteile durch eine systematische Steuerung der komplexen logistischen Zusammenhänge zu generieren.[2] Durch die weltweite Vernetzung von Wertschöpfungsketten steigt zusätzlich der Anspruch auf Transparenz. Lebensmittelskandale erschrecken viele Konsumenten und führen zu steigenden Anforderungen hinsichtlich der Rückverfolgbarkeit von Waren. Die sogenannte „From Farm To Fork" Überwachung ist in der Lebensmittelbranche seit Anfang 2005 durch eine EU-Richtlinie vorgeschrieben.[3]

Auch Automobilhersteller sind daran interessiert, die Herkunft ihrer Teile nachweisen zu können. Nach Angaben eines Herstellers handelt es sich bei 10 Prozent aller als Original verkauften Teile um eine Fälschung. Der dadurch entstehende Schaden beträgt zirka 12 Milliarden Euro pro Jahr.[4]

In der Pharmaindustrie, stellen gefälschte Arzneimittel ein erhebliches Gesundheitsrisiko für den Patienten dar. Nach Angaben der Weltgesundheitsorganisation (WHO) starben im Jahr 2003, 2500 Menschen an den Nebenwirkungen eines gefälschten Meningitis Medikamentes.[5] Die Behörden vieler Industrieländer haben den Handlungsbedarf zur lückenlosen Dokumentation von Arzneimitteln erkannt und arbeiten ständig an verschärften Gesetzesauflagen. So müssen beispielsweise in Italien verschreibungspflichtige Medikamente eine eindeutige Seriennummer auf der Verpackung tragen. Allein in Italien werden jährlich zirka 1,2 Milliarden kennzeichnungspflichtige Arzneimittel verkauft. Das extrem hohe Datenaufkommen ist durch herkömmliche Verfahren wie den Barcode nicht zu bewältigen.[6] Die Potenziale des elektronischen Produktcodes könnten in diesem Szenario ideal ausgeschöpft werden.

---

[2]BSI (2005), 84 ff.
[3]Melski (11/2006); S. 34
[4]Strassner/ Plenge/ Stroh (2005), S. 184
[5]Koh/ Staake (2005), S. 162
[6]Koh/ Staake (2005), S. 164

5.2 Erschwerende Faktoren entlang der Supply Chain

Es liegt in der Natur des Menschen, neue Erkenntnisse und Verfahren aus einer sicheren Entfernung skeptisch zu betrachten. Gleiches gilt für die Einführung neuer Technologien insbesondere dann, wenn sie mit hohen Kosten verbunden sind. Die RFID Technologie wird seit einigen Jahren in ausgewählten Teilmärkten erfolgreich eingesetzt. In Pilotprojekten haben sich RFID gestützte Prozesse als wertvoll herausgestellt.[7] Es sind jedoch auch Erkenntnisse gewonnen worden, die die Verbreitung von RFID basierten Anwendungen erschweren.

5.2.1 Technische Einschränkungen und Kinderkrankheiten

Es ist besonders schwierig eine neue Technologie einzuführen, wenn dafür bestehende Technologien abgelöst werden sollen. Ein gutes Beispiel ist die Einführung der Compact Disc (CD) Mitte der neunziger Jahre. Teilweise werden noch heute aktuelle Musikstücke auf Tonbändern und Schallplatten verkauft, weil einige Nutzer den Schritt zur neuen Technik noch immer nicht getan haben.

In Bezug auf die RFID Technologie ist ein ähnliches Verhalten bei den Unternehmen festzustellen. Die Funktechnologie steht in direkter Konkurrenz zum derzeit am weitesten verbreiteten Auto-ID-Verfahren, dem Barcode.

In Studien werden vor allem die hohen Anschaffungskosten und der hohe Implementierungsaufwand der RFID Systeme als Nachteil ausgelegt.[8] Nach wie vor wirken sich technische Probleme bei der Umsetzung in Pilotprojekten hemmend auf den breit gefächerten Einsatz aus.

Störungen bei der Datenübertragung können beispielsweise Fehler und Kollisionen bei der Pulkerfassung zur Folge haben. Sie werden häufig durch verstimmte Transponderantennen oder durch Flüssigkeiten und Metalle in der Umgebung verursacht.

Der Markt ist derzeit noch von einer Vielzahl von Produktinnovationen geprägt, die sich durch hohe Erfassungsraten und aufwändige Antennenkonstruktionen auszeichnen wollen. Für die Unter-

---

[7]BSI (2005), S. 84
[8]BSI (2005), S. 86

nehmen erschwert der rasante technologische Fortschritt jedoch die Entscheidung für eine „Ideallösung".[9]

5.2.2 Kostenaufwand für die Implementierung und Einbindung in die bestehenden Prozesse

Wie so oft in der Wirtschaft stellt sich auch bei der Implementierung von RFID Systemen die Frage, was kostet die Umstellung der Prozesse und wie schnell haben sich die Kosten amortisiert. Die Kosten für den RFID Einsatz auf Artikelebene sind in vielen Fällen heute noch zu hoch. Erst auf Karton- oder Palettenebene werden die Kosten akzeptabel. Die Preise der RFID Tags sind wesentlich von ihren Eigenschaften und Funktionen abhängig.[10] Je nach Bestellmenge kosten die Transponder derzeit zwischen 20 Cent und 50 Cent. Das Ziel ist es, den Preis für einen einfachen passiven Transponder auf unter 5 Cent zu senken. Dieser könnte den Electronic Product Code tragen und sämtliche Informationen entlang der Supply Chain zur Verfügung stellen.[11]

Zusätzlich zu den Transponderkosten entstehen vor allem auch hohe Kosten für die Infrastruktur im Unternehmen. Die Kosten für RFID Lesegeräte spielen für Unternehmen eine besonders große Rolle, in denen eine große Anzahl benötigt wird. Dies ist beispielsweise bei der Regal- oder Lagerplatzüberwachung denkbar.[12] Die Kosten für Lesegeräte variieren entsprechend ihrer Funktionalität ebenso wie die RFID Transponder. Günstige Handlesegeräte kosten zirka 200 Euro, überschreiten jedoch je nach Leistung auch sehr schnell die 1.000 Euro Grenze. Stationäre Lesegeräte, wie sie beispielsweise an Förderbändern oder RFID Toren am Eingang von Lagerhallen zu finden sind, kosten bereits bis zu 10.000 Euro.[13]

Neben den reinen Materialkosten der RFID Anlagen entstehen ebenfalls Kosten für die Integration der Anlagen in die bestehende IT-Landschaft des Unternehmen. Das Unternehmen SAP bietet in einer Kooperation mit dem Beratungshaus Siemens Business Services und Intel ein RFID Starterpaket für Unternehmen. Neben der Ausstattung mit RFID Transpondern beinhaltet das Einsteigerpaket vor allem die Integration von RFID Daten in das ERP System des

---

[9]Strassner (2005), S. 128

[10]Lampe/ Flörkemeier/ Haller (2005), S. 82

[11]Tellkamp/ Haller (2005), S. 245

[12]Tellkamp/ Haller (2005), S. 245

[13]Zahn/ Fuhlrott/ Schütte (2007), S. 34f

Kunden. Preise können aufgrund der verschiedenen Projektdimensionen an dieser Stelle nicht genannt werden. Kosteneinschätzungen stellen für Unternehmen eine wesentliche Entscheidungsgrundlage bei die Einführung einer Technologie dar. Variierende Transponderpreise bieten keine angemessene Berechnungsgrundlage. Vergleichbare RFID Pilotprojekte sind aufgrund der geringen Verbreitung nur sehr schwer und vor allem ungenau auf die eigenen Prozesse übertragbar. Folglich steigern die schwer kalkulierbaren Kosten die Zurückhaltung vieler Unternehmen, bei der Entscheidungsfindung „Für oder Gegen RFID".

5.2.3 Fehlender Kooperationswille hemmt das Potenzial

Zu Beginn der vorliegenden Arbeit wurde bereits festgestellt, dass sich im Wesentlichen zwei Interessengruppen mit der RFID Technologie beschäftigen. Auf der einen Seite sind es die Innovatoren, die Befürworter der neuen Technologie, die sich mittelfristig einen Nutzen durch die Einführung der RFID Technologie erwarten.[14] Dem gegenüber stehen die Unternehmen, die durch sogenannte „Gorillas in the Supply Chain" dazu gezwungen werden, die RFID Technologie einzusetzen.[15] Große Handelskonzerne, wie Wal-Mart und Metro, verfolgen eine Mandatspolitik in der zeitlich terminierte Schritte hinsichtlich des Einsatzes von RFID Technologie vorgeschrieben werden.

In einer Accenture Studie beschreibt das Unternehmen Gillette die Zusammenarbeit von Herstellern und Lieferanten durch den Begriff „Peloton". Abgeleitet aus dem Französischen „kleiner Haufen" steht der Begriff im Radsport für das geschlossene Fahrerfeld. Die Leistung der Gruppe wird durch jede Einzelleistung der Fahrer getragen. Übertragen auf die Wertschöpfungskette bedeutet dies, dass sich durch transparente Leistungen der Supply Chain Teilnehmer für alle Beteiligten Win-Win Situationen entwickeln.[16] Der regelrechte Kooperationszwang der Branchenriesen ist nicht unbegründet, da die Handelskonzerne versuchen den größtmöglichen Nutzen aus dem Einsatz der RFID Technologie zu ziehen.[17]

Natürlich wollen alle Unternehmen entlang der Wertschöpfungsket-

---

[14]Gillert/ Hansen (2006), S. 1
[15]Gillert/ Hansen (2007), S. 29
[16]Accenture (2005), S. 15
[17]Gillert/ Hansen (2007), S. 28

te an den Synergieeffekten teilhaben. Deshalb muss insbesondere
bei der Kostenverteilung darauf geachtet werden, dass die Aufwen-
dungen für die Transpondertechnologie nicht bei einzelnen Unternehmen verbleiben, sondern unter den Supply Chain Teilnehmer
aufgeteilt werden. Nur wenn die realisierbaren Nutzenpotenziale
größer sind als die zu erwartenden Kosten, werden alle Unternehmen entlang der Supply Chain bereit sein in RFID Technologie zu
investieren.[18]
Neben den Kosten müssen Unternehmen entlang der Wertschöpfungskette ebenfalls ihre Prozesse synchronisieren und Schnittstel-
len standardisieren. Da viele Unternehmen jedoch weiterhin davor
zurückschrecken ihre internen Daten in Unternehmensnetzwerken
zur Verfügung zu stellen, wird durch den alleinigen Einsatz von
RFID Technologie nicht der maximale Nutzen erzielbar sein. Hersteller, Lieferanten und Handelskonzerne werden sich noch einige
Zeit mit dem Bullwhip Effekt beschäftigen müssen, bis eine be-
darfsgerechte Echtzeitplanung vom Rohstofferzeuger bis zum Endkunden realisierbar sein wird.

5.2.4 Mangelnde Standardisierungen

Im Verlauf der vorliegenden Arbeit wurde deutlich, wie ausschlaggebend die transparente Zusammenarbeit entlang der Supply Chain
ist, um einen maximalen Gewinn aus dem Einsatz der RFID zu
erwirtschaften. Die Standardisierung von Frequenzen und Schnitt-
stellen ist demzufolge ein wesentlicher Erfolgsfaktor für die Realisierung der unternehmensübergreifenden Vernetzung.
Standards beschreiben die technische Basis der RFID Systeme. Sie
legen Frequenzen, Übertragungsgeschwindigkeiten, Antikollisionsverfahren und andere Sachverhalte fest. An der Entwicklung von
Standards für die RFID Technologie sind die International Standards Organisation (ISO) und das EPC Global Netzwerk betei-
ligt.[19]
Trotz aller Bemühungen die internationale Standardisierung der
RFID Technologie voranzutreiben, fehlen in vielen Branchen weltweite Standards. Dies erschwert insbesondere die weltweite Vernetzung von Supply Chains und erschwert deren Kooperation. Zusätzlich hemmt die fehlende Standardisierung Hard- und Softwareher-
steller von RFID Systemen, da sie sich nicht auf verlässliche tech-

---

[18]Tellkamp/ Haller (2005), S. 244
[19]Gillert/ Hansen (2007), S. 97

nische Rahmenbedingungen einrichten können.[20]

Auf dem Markt haben sich jeweils herstellerabhängige Einzellösungen entwickelt. So isoliert gewachsene Hard- und Softwarelösungen sind in vielen Fällen jedoch nicht kompatibel mit anderen Lösungen. In einer Studie des Bundesamtes für Sicherheit in der Informationstechnik (BSI) gaben 60 Prozent der befragten Unternehmen an, dass ein wesentliches Hindernis der Verbreitung von RFID Technologie in der Inkompatibilität zwischen Transpondern und Lesegeräten verschiedener Hersteller besteht.

Die Darstellung 5.1 zeigt eine Übersicht der weltweit verfügbaren Frequenzbereiche.

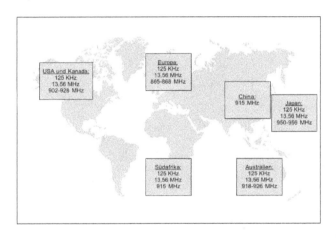

Abbildung 5.1: Zulässige Frequenzbereiche in den Weltregionen - Eigene Darstellung in Anlehnung an Gillert/ Hansen (2007), S. 98

Die Frequenzregulierung stellt ein wesentliches Hindernis für die Verbreitung einheitlicher Standards für die RFID Technologie dar. Derzeit müssen Waren international agierender Konzerne mit Transpondern unterschiedlicher Frequenzbereiche ausgestattet werden, da Transponder im UHF- und Mikrowellenbereich bislang in Japan, China und in Teilen von Europa nicht für den kommerziellen Einsatz freigegeben wurden.[21]

Im Verlauf der vorliegenden Arbeit entwickelte sich eine anfängliche Euphorie aufgrund der Vielzahl der angeführten Optimierungspotenziale. Diese Euphorie ist nach wie vor berechtigt. Es ist jedoch

---

[20]BSI (2005), S. 90
[21]BSI (2005), S. 91

ebenso wichtig sich bewusst zu machen, dass Kinderkrankheiten, wie mangelnde Standards, die Einführung der RFID Technologie nach wie vor erschweren. Die Ausschöpfbarkeit der genannten Potenziale wird wesentlich davon abhängen, ob internationale Organisationen wie die ISO und die weltweiten Netzagenturen sich auf einheitliche Standards einigen werden.[22] Insbesondere das EPCglobal Netzwerk arbeitet unermütlich an neuen Standards ihres elektronischen Produktcodes. Es bleibt deshalb die Hoffnung, dass es in naher Zukunft weltweit einheitliche Standards für die RFID Technologie geben wird.

---

[22]Gillert/ Hansen (2007), S. 98

Kapitel 6

Schlussfolgerung und Ausblick

Die RFID Technologie hat sich im Verlauf der letzten Jahre sehr stark verbreitet. Sowohl Forschung als auch viele Industriezweige richten ein hohes Maß an Aufmerksamkeit auf das zukünftig „bessere Identifikationsverfahren". Im Bereich der Logistik und des Supply Chain Managements haben sich unternehmensübergreifende Prozesse durch den Einsatz von RFID Technologie grundlegend optimieren lassen. Auch wenn sich die Auswirkungen der Globalisierung nicht über Nacht eingestellt haben, gibt es dennoch viele Unternehmen, die mit den veränderten Marktanforderungen zu kämpfen haben.

In Bezug auf das Supply Chain Management, welches im Wesentlichen mit den Folgen des Bullwhip Effekts zu kämpfen hat, spielt die RFID Technologie eines ihrer Hauptpotenziale aus. Die Funktechnologie ist in der Lage, die Visibilität entlang der Supply Chain zu verbessern und sie mit Echtzeitdaten zu versorgen. So können Prozesse nicht nur verbessert, sondern vollständig überarbeitet werden.

Im Rahmen der Arbeit wurde die Erkenntnis entwickelt, dass durch die Investition in RFID Technologie in erster Linie der Zugang zu einem globalen Unternehmensnetzwerk angeschafft wird. Teilnehmende Unternehmen sind in der Lage exakte Plandaten automatisch innerhalb des Netzwerks auszutauschen. Durch die Echtzeitüberwachung des Produktionsfortschritts sowie des Lieferstatus, können Out-of-Stock Situationen verhindert und unnötig hohe Lagerbestände vermieden werden.

Aus betriebswirtschaftlicher Sicht erhöht die RFID Technologie insbesondere die Effizienz und Qualität der unternehmensübergreifenden Prozesse, indem ihr Automatisierungsgrad erhöht wird. Der

RFID Technologie gelingt es nahezu, den Bruch zwischen virtueller und realer Welt zu verschließen.

Die Betrachtung der externen unterstützenden und erschwerenden Einflussfaktoren hat gezeigt, dass sowohl die Early Adaptors - die Visionäre - als auch die sogenannten Laggards, mit ihrer konservativen Zurückhaltung Argumente auf ihrer Seite haben. Hohe Kosten für die Implementierung und mangelhafte Standardisierungen begründen noch immer eine gehemmte Investitionsbereitschaft.

Einen Blick in die Zukunft zu werfen, ist stets ein schwieriges Unterfangen. Das Potenzial der RFID Technologie wurde von vielen Unternehmen erkannt. In welchem Umfang RFID Technologie in naher Zukunft eine Rolle spielen wird, ist noch unklar. Experten sind sich jedoch darüber einig, dass die Verbreitung eher schrittweise erarbeitet werden muss, als explosionsartig aus dem Boden der Produktionshallen zu schießen.

Nicht zuletzt die Automobilkonzerne, die RFID Technologie bereits heute in einigen Bereichen gewinnbringend einsetzen, werden die Leistungsfähigkeit sowie das Einsatzspektrum der Transpondertechnologie weiterentwickeln. Stetig sinkende Transponderkosten und eine weltweite Standardisierung werden Unternehmen dazu ermutigen, in die RFID Technologie zu investieren.

Sicherlich wird nicht jeder Prozess im Unternehmen durch den Einsatz von RFID Technologie die Effizienz um ein Vielfaches erhöhen. Dennoch sollten es Unternehmen nicht versäumen, sich rechtzeitig zu positionieren, um Kosten und Nutzen abzuwägen. Die weltweite Vernetzung von Wertschöpfungsketten wird auch in Zukunft an Komplexität zunehmen. Deshalb sollten Unternehmen das Thema RFID weiterhin im Fokus behalten, denn es wird die Spielregeln des künftigen Supply Chain Managements festlegen.

Literaturverzeichnis

[1] **[Abramovici/ Bellalouna/ Flohr (2009)]** Abramovici, M., Bellalouna, F. und Flohr,M.: Open-Loop-Einsatz von RFID im industriellen Bereich. München, ZWF-RFID Einsatz, Carl Hanser Verlag, 2009, Ausgabe 104/2009

[2] **[Accenture (2005)]** Pushing the Pace. How Leaders Are Puhsing RFID to Work; URL: http://www.accenture.com/NR/rdonlyres/212EF1FC-6C9E-441A-85A1-0A259FA65E42/0/Pushingthepace.pdf; Zugriff am: 21.12.2009

[3] **[Alicke/ Graf/ Putzlocher (2004)]** Alicke, K., Graf, H. und Putzlocher, S.: Unternehmensübergreifendes Supply Chain Management realisiert multi-tier collaboration in Busch/ Dangelmaier (2004). Wiesbaden, Gabler Verlag, 2004, 2. Auflage

[4] **[Arndt(2006)]** Arndt, H.: Supply Chain Management - Optimierung logistischer Prozesse. Wiesbaden, Gabler Fachverlage GmbH, 2006, 3. Auflage

[5] **[Arnold et al (2008)]** Arnold, D., Isermann, H., Kuhn, A., Furmans, K.,Tempelmeier, H.: Handbuch Logistik. Berlin, Springer Verlag, 2008, 3. Auflage

[6] **[Baumgarten/ Darkow/ Zadek (2004)]** Baumgarten, H., Darkow, I. und Zadek, H.: Supply Chain Steuerung und Services: Logistik-Dienstleister managen globale Netzwerke - Best Practices. Berlin, Springer Verlag, 2004, 1. Auflage

[7] **[BSI (2005)]** Bundesamt für Sicherheit in der Informationstechnik (Hrsg.): Risiken und Chancen des Einsatzes von RFID Systemen. Bonn, 2005

[8] **[Bullinger/ ten Hompel (2007)]** Prof. Dr. Bullinger, H. und Prof. Dr. ten Hompel, M.: Internet der Dinge - www.internet-der-dinge.de. Berlin, Springer Verlag, 2007

[9] **[Busch/ Dangelmaier (2004)]** Busch, A. und Dangelmaier, W.: Integriertes Supply Chain Management - Theorie und Praxis effektiver unternehmensübergreifender Geschäftsprozesse. Wiesbaden, Gabler Verlag, 2004, 2. Auflage

[10] **[Busschop (2005)]** Busschop, K.: The Role of RFID in Supply Chain Planning. Accenture 2005: URL: http://www.accenture.com/NR/rdonlyres/3E34313D-FB8C-463C-94AA-5228DE250DCA/0/RoleofRFIDinsupplychainplanning.pdf), Zugriff am 02.11.2009

[11] **[Dittmann (2006)]** Dittmann, L. Der angemessene Grad an Visibilität in Logistik-Netzwerken - Die Auswirkungen von RFID. Wiesbaden, Deutscher Universitätsverlag, 2006

[12] **[Essig/ Amann (2007)]** Essig, M. und Amann, M.: Notwendigkeit und Systematisierung von Transparenz in Supply Chains. München, Vahlen Verlag, 2007

[13] **[Finkenzeller(2008)]** Finkenzeller, K.: RFID Handbuch. Grundlagen und praktische Anwendungen von Transpondern, kontaktlosen Chipkarten und NFC. München, Carl Hanser Verlag, 2008, 5. Auflage

[14] **[Fleisch/ Christ/ Dierkes (2005)]** Fleisch, E., Christ, O. und Dierkes, M.: Die betriebswirtschaftliche Vision des Internets der Dinge; In Fleisch/ Mattern (2005): Das Internet der Dinge: Ubiquitous Computing und RFID in der Praxis. Visionen, Technologien, Anwendungen, Handlungsanleitungen, Berlin, Springer Verlag, 2005

[15] **[Fleisch/ Mattern (2005)]** Fleisch, E. und Mattern, F.: Das Internet der Dinge: Ubiquitous Computing und RFID in der Praxis. Visionen, Technologien, Anwendungen, Handlungsanleitungen, Berlin, Springer Verlag, 2005

[16] **[Franke/ Dangelmaier(2006)]** Franke, W. und Dangelmaier, W. (Hrsg.): RFID Leitfaden für die Logistik. Anwendungsgebiete, Einsatzmöglichkeiten, Integration, Praxisbeispiele. Wiesbaden, Betriebswirtschaftlicher Verlag Dr. Th. Gabler GWV Fachverlage GmbH, 2006, 1. Auflage

[17] **[Friedli (2009)]** Friedli, W.: RFID in der Supply Chain. Das Nutzenpotenzial für ein Unternehmen, Revue de l'acheteur. URL: http://www.swisscom.com/NR/rdonlyres/F2D5F93A-D6EF-46ED-BCE3-5E8D144DD7FF/0/RFID_Supply_Chain_Beschaffungs-managment_de.pdf

[18] **[Gillert/ Hansen(2007)]** Gillert, F. und Hansen, W.: RFID für die Optimierung von Geschäftsprozessen. Prozess-Strukturen, IT-Architekturen, RFID Infrastruktur. München, Carl Hanser Verlag, 2007

[19] **[Günther/ Tempelmeier(2005)]** Günther, H. und Tempelmeier, H.: Produktion und Logistik. Berlin und Heidelberg, Axel Springer Verlag, 2005, 6. Auflage

[20] **[Hansen/ Neumann (2005)]** Prof. Dr. Hansen, H. und Prof. Dr. Neumann, G.: Wirtschaftsinformatik 1. Grundlagen und Anwendungen. Stuttgart, Lucius & Lucius Verlagsgesellschaft mbH, 2005, 9. Auflage

[21] **[Informationsforum RFID e.V. (2008)]** Dr. Huber, A., Informationsforum RFID e.V.: Basiswissen RFID, Berlin, 2. Auflage

[22] **[is report (05/2008)]** Wockenfuß, M.: Funktechnologie unterstützt die Prozessautomatisierung. München, OXYGON Verlag GmbH, 2008, Ausgabe (05/2008)

[23] **[Janetzko, A. (2004)]** Janetzko, A.: Neue Organisationsformen im Supply Chain Management für einen Chemie-Konzern. In Baumgarten/ Darkow/ Zadek (2004): Supply Chain Steuerung und Services: Logistik-Dienstleister managen globale Netzwerke - Best Practices. Berlin, Springer Verlag, 2004, 1. Auflage

[24] **[Klaas(2008)]** Klaas, V.: ZWF Magazin. Funkchips erobern die Produktionshallen. München, Carl Hanser Verlag, 2008

[25] **[Koh/ Staake (2005)]** Koh, R. und Staake, T.: Nutzen von RFID zur Sicherung der Supply Chain der Pharmaindustrie; In Fleisch/ Mattern (2005): Das Internet der Dinge: Ubiquitous Computing und RFID in der Praxis. Visionen, Technologien, Anwendungen, Handlungsanleitungen, Berlin, Springer Verlag, 2005

[26] **[Koyuncu/ Grauer (2008)]** Koyuncu,F. und Prof. Dr.-Ing. Grauer,M.: Industrie Management: Fahrzeuglokalisierung in der Automobilindustrie - Praktische Anwendung mit passiven RFID Transpondern bei Ford. Berlin, GITO Verlag, 2008, Ausgabe 24

[27] **[Krüger/ Böckle (2007)]** Krüger, M. und Böckle, M.: Kühlketten lückenlos online überwachen. Intelligente Sendungsverfolgung schließt Lücke bei unternehmensübergreifenden Transportprozessen; In Bullinger/ ten Hompel: Internet der Dinge. www.internet-der-dinge.de, Berlin, Springer Verlag, 2007

[28] **[Lampe/ Flörkemeier/ Haller (2005)]** Lampe, M., Flörkemeier, C. und Haller, S.: Einführung in die RFID Technologie; In Fleisch/ Mattern (2005): Das Internet der Dinge: Ubiquitous Computing und RFID in der Praxis. Visionen, Technologien, Anwendungen, Handlungsanleitungen, Berlin, Springer Verlag, 2005

[29] **[Lawrenz/ Hildebrand/ Nenninger(2001)]** Lawrenz, O., Hildebrand, K. und Nenninger, M.: Supply Chain Management. Konzepte, Erfahrungsberichte und Strategien auf dem Weg zu digitalen Wertschöpfungsnetzwerken. Wiesbaden, Vieweg Verlag, 2. Auflage 2001

[30] **[Logistik Heute (04/2009)]** Fachmagazin Logistik Heute (Ausgabe 04/2009) Produkte-RFID: Reifen mit Tags. München, HUSS-Verlag GmbH, 2009, Ausgabe (04/2009)

[31] **[Martin (2008)]** Martin, H.: Transport- und Lagerlogistik. Planung, Struktur, Steuerung und Kosten von Systemen der Intralogistik. Wiesbaden, Vieweg & Sohn Verlag, 2006, 6. Auflage

[32] **[Melski (2006)]** Melski, A.: Grundlagen und betriebswirtschaftliche Anwendungen von RFID. Arbeitsbericht November 2006 am Institut für Wirtschaftsinformatik der Georg-August-Universität Göttingen, 2006

[33] **[Melzer-Ridinger (05/2005)]** Melzer-Ridinger, R.: Das Konzept Supply Chain Management. Darmstadt, HMD Verlag, Ausgabe (05/2005)

[34] **[Montanus (2004)]** Montanus, S.: Digitale Business-Strategien für den Mittelstand: Mit neuen Technologien unternehmensübergreifende Geschäftsprozesse optimieren. Berlin, Springer Verlag, 2004, 1. Auflage

[35] **[Pepels (2001)]** Pepels, W.: Einführung in das Distributions-management. München und Wien, Oldenbourg Verlag, 2001, 2. Auflage

[36] **[Popova (2005)]** Popova, T.: Das Internet der Dinge. Management Information. Das EPCglobal Netzwerk. Köln, GS1 Germany GmbH Verlag, 2005

[37] **[Rosol(2007)]** Rosol, C.: RFID. Vom Ursprung einer (all)gegenwärtigen Kulturtechnologie. Berlin, Kulturverlag Kadmos, 2007

[38] **[Schoblick/ Schoblick (2005)]** Schoblick, R. und Schoblick, G.: RFID Radio Frequency Identification. Grundlagen, Eingeführte Systeme, Einsatzbereiche, Datenschutz, Praktische Anwendungsbeispiele. Poing, Franzis Verlag GmbH, 2005

[39] **[Schuster/ Allen/ Brock (2007)]** Schuster, E., Allen, S. und Brock, L.: Global RFID. The Value of the EPCglobal Network for Supply Chain Management. Berlin und New York, Springer Verlag, 2007

[40] **[Sprenger/ Wecker (2006)]** Sprenger, C., Wecker, F.:In RFID Leitfaden für die Logistik. Anwendungsgebiete, Einsatzmöglichkeiten, Integration, Praxisbeispiele. Wiesbaden, Betriebswirtschaftlicher Verlag Dr. Th. Gabler GWV Fachverlage GmbH, 2006, 1. Auflage

[41] **[Strassner (2005)]** Strassner, M.: RFID im Supply Chain Management. Auswirkungen und Handlungsempfehlungen am Beispiel der Automobilindustrie. Wiesbaden, Deutscher Universitäts-Verlag/GWV Fachverlage GmbH, 2005, 1. Auflage

[42] **[Strassner/ Eisen (2005)]** Strassner, M. und Eisen, S.: Tracking von Ladungsträgern in der Logistik. Pilotinstallation bei einem Güterverladetermini; In Fleisch/ Mattern (2005): Das Internet der Dinge: Ubiquitous Computing und RFID in der Praxis. Visionen, Technologien, Anwendungen, Handlungsanleitungen, Berlin, Springer Verlag, 2005

[43] **[Strassner/ Lampe/ Leutbecher (2005)]** Strassner, M., Lampe, M. und Leutbecher, U.: Werkzeugmanagement in der Flugzeugwartung. Entwicklung eines Demonstrators mit ERP-Anbindung; In Fleisch/ Mattern (2005): Das Internet der Dinge: Ubiquitous Computing und RFID in der Praxis. Visionen, Technologien, Anwendungen, Handlungsanleitungen, Berlin, Springer Verlag, 2005

[44] **[Strassner/ Plenge/ Stroh (2005)]** Strassner, M., Plenge, C. und Stroh, S.: Potenziale der RFID Technologie für das Supply Chain Management in der Automobilindustrie; In Fleisch/ Mattern (2005): Das Internet der Dinge: Ubiquitous Computing und RFID in der Praxis. Visionen, Technologien, Anwendungen, Handlungsanleitungen, Berlin, Springer Verlag, 2005

[45] **[Tellkamp/ Haller (2005)]** Tellkamp, C. und Haller, S.: Automatische Produktidentifikation in der Supply Chain des Einzelhandels; In Fleisch/ Mattern (2005): Das Internet der Dinge: Ubiquitous Computing und RFID in der Praxis. Visionen, Technologien, Anwendungen, Handlungsanleitungen, Berlin, Springer Verlag, 2005

[46] **[Weigert (2006)]** Weigert, S.: Radio Frequency Identification (RFID) in der Automobilindustrie. Chancen, Risiken, Nutzenpotenziale. Wiesbaden, Gabler GWV Fachverlage, 2006, 1. Auflage

[47] **[Zahn/ Fuhlrott/ Schütte (2007)]** Zahn, S.,Fuhlrott, R.,Schütte, C.: RFID in Bibliotheken. Wiesbaden, Dinges & Frick GmbH, 2007, 1. Auflage

BEI GRIN MACHT SICH IHR WISSEN BEZAHLT

- Wir veröffentlichen Ihre Hausarbeit,
  Bachelor- und Masterarbeit

- Ihr eigenes eBook und Buch -
  weltweit in allen wichtigen Shops

- Verdienen Sie an jedem Verkauf

Jetzt bei www.GRIN.com hochladen
und kostenlos publizieren